은밀히 거래된 나의 인생

그 길을 가다

은밀히 거래된 나의 인생

그 길을 가다

그 길을 가다

지은이 | 장명애
펴낸이 | 원성삼
책임편집 | 김지혜
본문디자인 | 김하영
표지디자인 | 임형지
사진 | 이한빈
펴낸곳 | 예영커뮤니케이션
초판 1쇄 발행 | 2016년 9월 25일
등록일 | 1992년 3월 1일 제2-1349호
주소 | 136-825 서울시 성북구 성북로6가길 31
전화 | 02 766-8931
팩스 | 02 766-8934
홈페이지 | www.jeyoung.com
ISBN 978-89-8350-953-6 03230

본 저작물은 저작권법에 의하여 한국 내에서 보호를 받는 저작물이므로
무단 전재와 무단 복제를 금합니다.

값 13,000원

이 도서의 국립중앙도서관 출판예정도서목록 CIP 은 서지정보유통지원시스템 홈페
이지 http://seoji.nl.go.kr 와 국가자료공동목록시스템 http://www.nl.go.kr/kolisnet
에서 이용하실 수 있습니다. CIP제어번호: CIP2016020982

은밀히 거래된 나의 인생

그 길을 가다

장명애 지음

이민자로, 이민 목회자의 사모로
홀로 가슴에 품고 가야 할
아프고 힘들고 괴로운 일이 왜 없겠습니까마는
그보다는 함께 웃고, 함께 즐거워하며,
함께 사랑하며, 함께 살아가는 이야기를
더 나누고 싶었습니다.

예영커뮤니케이션

〈라이프 에세이〉는 나의 신앙고백입니다

"뉴질랜드에 최초로 한인 기독교 신문이 창간되는데
〈라이프 에세이〉 필자로 좀 섬겨 주시겠어요?"

어느 날, 뜻하지 않은 전화 한 통을 받았습니다. 말하자면 필자 섭외 전화를 받은 것이지요. 교민 신문은 여럿 있는데 기독교 신문이 없어 아쉬워하던 차에 한인 기독교 신문이 발간된다고 하니 너무 반갑고 기쁜데 필자로 부탁을 받고 보니 이만저만 부담이 큰 게 아니었습니다. 한다, 못한다를 수없이 반복하다가 결국엔 순종하기로 했습니다.

2005년 1월, 그렇게 창간호부터 시작되었던 〈라이프 에세이〉는 이제 12년이 되었습니다. 그동안 글쟁이도 아닌 제가 글을 쓴다는 것이 무척 힘들었습니다. 말 그대로 라이프 에세이다 보니 일상에서 주제를 찾아 표현하기가 많이 부담되기도 했습니다. 하지만 제 삶의 모토가 '생긴 대로 살자.' 이기에 편안하게, 있는 그대로, 솔직하고 진솔하게 쓰자고 생각하니 마음이 훨씬 편해졌습니다.

〈라이프 에세이〉 덕분에 삶을 바라보는 시선이 진지하고 너그러워졌습니다. 만나는 사람들과 부딪히는 모든 일들이 글의 주제와 글의 주인공들이기에 소중하고 아름답게 여겨졌습니다. 때로는 상처받은 이들의 눈동자에서, 때로는 담장 아래 피어난 작은 화초의 비명 속에서, 때로는 거울 속에 비친 내 자신의 모습 속에서, 때로는 내가 만나는 모든 이들의 삶 속에서 역사하시는 하나님의 사랑을, 그들을 향한 하나님의 속마음을 읽어 내려고 애를 썼습니다.

어쩌다 등장하는 남편 흉보기는 많은 아내들을 대변해 주고 싶은 마음에서였고, 어쩌다 등장하는 아이들의 이야기는 이 땅을 살아가는 엄마들의 어미 된 심정을 사랑으로 말하고 싶었습니다. 뿐만 아니라 될 수 있으면 기쁘고 즐겁고 행복한 글들을 쓰려고 했습니다. 그렇게 사람들과의 만남 속에서 얻어진 글감은 때로는 가난한 이민 목회자의 아내로 살아가는 설움을 글을 통해 하나님의 긍휼한 은혜로 승화시키기도 했습니다. 〈라이프 에세이〉는 곧 나의 신앙고백이 되었습니다.

이민자로, 이민 목회자의 사모로 홀로 가슴에 품고 가야 할 아프고 힘들고 괴로운 일이 왜 없겠습니까마는 그보다는 함께 웃고, 함께 즐거워하며, 함께 사랑하며 함께 살아가는 이야기를 더 나누고 싶었습니다. 그러다 보니 10년 세월이 훌쩍 지났습니다. 지금까지 써 온 〈라이프 에세이〉만 290여 편이 됩니다. 부족한 글을 사랑해 주신 모든 독자께 진심으로 감사드립니다.

가끔 주위에서 책으로 엮어 출판해 보기를 권유했지만 너무 부끄럽고 자신도 없었습니다. 그랬던 제가 11년 세월을 지나면서 주위의 많은 분들의 격려와 독자들의 사랑의 권유로 그동안 써 왔던 〈라이프 에세이〉를 책으로 엮어 보려고 용기를 내었습니다.

이제는 필자가 아닌 「크리스천 라이프」 신문사 대표가 되어 이고 지고 갈 짐들이 많이 있지만 지금까지 인도하신 하나님의 은혜와 오클랜드한인교회협의회, 해밀턴한인교회협의회, 크라이스트한인목회자협의회 모든 목사님과 모든 한인 성도님의 격려와 사랑으로 쉬지 않고 오늘까지 오게 되었음에 진심으로 감사를 드립니다. 그동안 〈라이프 에세이〉를 사랑해 주시고 격려해 주시고 힘이 되어 주신 많은 독자께도 진심으로 감사를 드립니다.

그리고 부족한 책이 나오기까지 물질로 후원해 주신 부산 호산나교회 김용한 안수집사님 가정과 십시일반으로 후원해 주신 많은 후원자께도 머리 숙여 진심으로 감사를 드립니다.

아울러, 〈라이프 에세이〉가 책으로 나오기까지 애써 주신 「크리스천 라이프」 스태프들과 예영커뮤니케이션의 원성삼 대표와 김지혜 팀장 그리고 모든 직원께도 깊은 감사를 드립니다.

부족한 글이 책으로 나오기까지 인도해 주신 하나님께 영광을 올려 드립니다.

장명애

Contents

2. 믿습니까, 여보!

3. 오징어 젓갈 하나도 포기 못하고서 뭘

|1|
은밀하게 거래된
나의 인생

차마 쓰지 못했던 이야기

"아빠! 아빠 손가락은 어디로 갔어요?"

엄지와 검지 그리고 장지의 한 마디씩만 남기고 두 마디가 잘려 나간 아빠의 오른손을 보며 어린 아들이 물어봅니다. 이제 아이들이 아빠의 잃어버린 손가락의 행방을 알고 싶을 때가 된 것이지요. 남편을 처음 만났을 때 항상 주머니에 오른손을 넣고 왼손만 사용하던 모습을 보며 참 안쓰러웠습니다. 잘려 나간 손 때문이 아니라 그의 아픔 삶이 마음에 왔기 때문이었죠.

여덟 살에 어머니를 여윈 그는 밑에 남겨진 여섯 살, 네 살, 한 살 동생을 거느려야 하는 여덟 살의 가장 아닌 가장이 되었고, 동양화가이신 그의 아버지는 한 자루의 붓과 먹통을 들고 끝도 없는 방랑의 길을 떠나셨습니다. 어머니 가신지 일 년이 채 지나기 전, 젖에 굶주린 막내 동생은 어머니

곁으로 훌쩍 가 버리고 남아 있는 그네들의 힘겨운 삶에는 변화가 없었습니다.

모진 세월은 그래도 흘러가고, 16살이 되어 사정사정해서 얻은 일자리에서 어머니께서 곱게 남겨 주신 열 손가락 중에 세 개가 그만 기계에 잘려 나갔습니다. 잘 먹고 잘 자라야 할 시기에 동생들 챙겨 먹이느라 항상 배는 곯아 있었고, 한창 예민한 사춘기에 남들 다 가지고 있는 열 손가락마저 다 갖지 못한 서글픈 아이가 되고 말았지요. 잘려 나간 손가락만큼이나 그의 인생도 잘려 나갔습니다.

하지만 방황의 끝은 어디일까? 보이지 않는 방황의 끝을 찾아 영국 행 비행기에 몸을 실었습니다. 문학에 미쳐 유럽 구석구석을 찾아들며 문인들이 자란 곳을 찾아 그들의 인생을 음미했고, 그들의 묘소들을 찾아들며 인생의 허무함을 깨우쳤습니다.

몸과 마음이 약할 때로 약해져 더 이상 버티기 힘들 때 우연히 찾아든 고린도 언덕 위 작은 교회에서 만난 하나님, 낯선 나라에서의 일 년여 간의 방랑생활을 접고 모세처럼 무릎 꿇게 하신 하나님,

"내가 너를 사랑한단다. 내가 너를 영원히 사랑하는데 너는 언제까지 방황할래?"

그분의 단 한마디에 그는 돌아왔습니다. 집으로 돌아오고 하나님께로 돌아왔습니다.

힘겨운 인생길에서, 모자란 오른손 손가락에서 자유함을 얻었습니다.

그리고 어머니의 마지막 유언을 따르기로 했습니다.

"주의 종이 되거라."

　세월이 흘러, 그는 지금 '주의 종'이 되었고, 두 아이의 아버지가 되었으며, 한 여자의 남자가 되었습니다. 저는 그의 누나가 되어 불편한 오른손을 대신하려 했지만 그의 아내가 되어 평생 사랑하며 살게 되었습니다.

그러한 사람, 그러한 우리들

어느 날, 누군가와 한참 전화통화를 하던 남편이 전화를 끊고 나서 한마디 툭! 던집니다.

가뜩이나 계획했던 미국 행을 포기하고 남편 손과 하나님의 강한 떠밀림 속에 뉴질랜드에 끌려왔다 싶어 가끔 속이 아리던 차에 귀가 번쩍 뜨일 소리입니다.

"거참, 좋은 소식이네요. 그쪽으로 부르실 거면 진작 부르시지 이제 와서 어쩌라구."

"그래서 당신 생각은 어떠냐고?"

"어떠긴 뭐가 어때요? 여기 보내신 이도 하나님이시고, 여기로 부르신 이도 하나님이신데 지금 나보고 어쩌라고요? 그럼 처음부터 보내질 마시던지, 개척을 말게 하시던지…. 지금에 와서 어떻게 나 좋다고 훌쩍 갈 수 있어요?"

말은 퍽이나 사명감에 불타는 열성분자인척 하지만 마음 한 켠에서 아리던 마음이 이제는 속을 후려 파 듯이 아쉬움이 가득합니다.

"정말이지? 후회 안 하지?"

뉴욕커로 살고 싶었던 허망한 꿈이 사라진 지 이미 벌써 오래 전 일인데도 남편은 혹시나 하는 마음에 나를 자꾸 떠보느라 거듭 몇 번을 묻습니다.

"정말이지? 후회 안 하지?"

정말이었습니다.

진심이었습니다.

진짜였습니다.

그런데 왜 마음은 아쉬움이 남을까요?

키위교단의 초청으로 와서 인턴십도 다 끝나고 이제 막 교회를 개척하여 딱 두 명의 유학생이 교인으로 있는데 어떻게 교회를 버려 두고, 그 두 성도를 버려 두고 나 좋다고 떠날 수가 있겠습니까? 명색이 그래도 주의 종인데….

"나도 당신 마음과 똑같아. 이곳에 하나님께서 보내시고 벌써 교인 두 명이나 있는데 우리에게 맡기신 이 영혼 두 명을 놔 두고 우리 좋다고 가면 안 되지."

열심이 특심인 우리 부부는 이렇게 처음 부르신 이곳, 이 교회, 이 동네에서 20년을 한결같이 살아왔습니다. 인간적으로 보면 둔하고 융통성도 없고 답답해 보일지 몰라도 우리를 부르신 하나님의 뜻이라 여기며 오늘까지 이 자리를 지켜왔습니다.

옮길 줄도 모르고, 뜰 줄도 모르고, 포기할 줄도 모르는 우리를 보고 세월이 지나 점차 한국 사람들이 많아지자 가끔 이렇게 말하는 성도들이 있습니다.

"우리 교회도 한국 사람 많은 지역으로 옮겨가요. 여긴 너무 한국 사람이 없어요. 여기서 교회가 부흥하기는 어려워요."

그러면 늘 우리는 이렇게 말합니다.

"처음부터 이곳으로 우리를 부르심은 사람이 많든 적든 이 지역의 영혼들을 책임지라고 부르셨을 텐데 환경 따라, 사람 따라 여기저기 다니다 보면 결국 사람 일만 하다 끝나 버릴 수 있어요. 한 사람이든, 두 사람이든 예배하는 자가 있는 한 이 자리를 지키는 것이 우리의 사명입니다."

하나님의 뜻인지, 우리의 똥고집인지 몰라도 우리는 우리를 초청하고 지명하여 찍어 준 교회를 어찌하든지 20년을 섬겨 왔습니다. 우리는 우리가 있는 이곳이 참 좋습니다. 기쁠 때 같이 웃고, 슬플 때 함께 울 수 있는 사람들, 우리들이 있어서 더욱 좋습니다.

기쁠 때 같이 웃고, 슬플 때 함께 울 수 있는 사람들
그리고 우리들,
그러한 사람,
그러한 우리가 그립습니다.

하나님, 천천히 일 다 보세요

"똑똑똑!"

화장실 문을 두드렸습니다.

달그락거리더니 화장실 문이 열립니다.

그런데 빠끔히 열린 문 사이로 얼굴을 내민 것은 예쁜 머리띠를 하고 핑크 원피스를 곱게 차려 입은 천사같은 유치원 꼬마 아이였습니다.

"뭐해?"

"똥 눠요."

보아하니 내가 지금 똥 누고 있으니까 보채지 말고 좀 기다리라는 표정입니다.

"아, 알았어. 언능 똥 누구 나와."

참 귀엽기도 하고 깜찍하기도 합니다. 그냥 누던 똥 다 누고 나와도 될 텐데 문까지 열어 주며 똥 누고 있음을 알려 주다니 참 친절한 꼬마 아가씨입니다. 다시 문을 잠그고는 아무런 기척이 없습니다. 한참을 기다리다가 나도 나름 용무가 급한지라 문틈 사이로 말을 건넵니다.

"아직 멀었어?"

"아니요. 쪼금만 더 기다리세요."

"알았어. 언능 나와. 아줌마도 급해."

딱 한 칸밖에 없는 여자 화장실이기에 딴 데로 갈 수도 없고, 딴 데로 가봤자 옆 칸에 있는 남자 화장실이고, 그렇다고 똥 누고 있는 아이를 끌어낼 수도 없고. 어쩌겠어요. 다리를 꼬고서라도 기다릴 수밖에요. 아이가 내 급한 사정을 뭐 알겠습니까?

꼬마 아이의 기다리라는 말에 꼼짝없이 기다릴 수 밖에 없는 나는 요즘 하나님 앞에 보채고 있는 문제가 하나 있는데 지금 하나님과 나와의 상황이 딱! 이런 상황인 거 같았습니다.

"하나님, 아직 멀었나요?"

"아니 조금만 더 기다려."

"알았어요. 언능 주세요. 저도 급해요."

하나님께서는 나의 급한 사정을 아시겠지요?

얼마 진에는 나의 모든 상황을 눈 감고 계신 듯한 하나님 앞에 볼메소리를 하다가 맥없는 남편에게까지 아침부터 바가지를 마구 긁어 댔습니다. 마음이 소용돌이치자 생각은 갈 길을 잃어버린 듯 입에서는 시끄러운 말들만 쏟아져 나옵니다. 하나님에 대한 원망과 사람에 대한 서운함, 남편에 대한 불만과 환경에 대한 불평. 마구마구 용솟음치듯 마음이 갈 길을 잡지 못하겠습니다. 한참을 나 혼자 엎어쳤다 매쳤다 난리를 치다가 이러면 안되겠다 싶어 남편과 함께 바람이나 쐬자며 나갔습니다.

그날 오후, 집에 돌아오는 길에 신호에 걸려 서 있는 우리 차를 뒤에 오던 차가 냅다 박아 버리네요. 쿵! 소리와 동시에 무지막지한 커다란 손이 내 뒤통수를 냅다 갈기는 듯하여 정신이 번쩍 들었습니다. 운전석의 남편은 목덜미를 잡고 있습니다.

나의 심령 상태로는 '뭐야 이거! 재수없게시리.' 해야 하는 상황인데 나의 마음에서는 '아, 하나님께서 나보고 정신차리라고, 너 지금 뭐하고 있느냐고 냅다 내 뒤통수를 때리셨구나.' 하는 생각이 순간적으로 들었습니다.

정신을 차리고 내려서 차를 보니 박은 차는 멀쩡한데 박힌 우리 차만 박살이 났습니다. 그래도 아무도 다치지 않았음에 감사했습니다. 차를 신호등 건너에 대고 사고 수습하자던 사고의 주인공은 신호등 지나 어디론가 도망가 버리고 남편은 열이 받아 씩씩거립니다.

"여보, 열 받지 말고 그 차 찾을 생각 말아요. 이 사고는 나 때문에 일어난 거야. 나귀의 입을 통해서 말씀하시는 하나님께서 나 정신차리라고 차 뒤를 박으시는 척! 내 뒤통수를 냅다 치신거지. 그분이…."

한방 얻어 맞고 나니 정말 놀랍도록 내 안에 충만해 있던 모든 시끄러웠던 마음과 생각들이 한방에 다 날아가 버렸습니다. 홀가분해졌습니다. 사람과 환경에서 자유로워졌습니다. 하나님께서 나를 버리지 않으시고 나를 지켜보고 계신다는 생각에 정말 미치도록 감사했습니다.

"그래요, 하나님! 계속 일보고 계셔도 돼요. 저 얼마든지 기다릴 수 있어요. 이 아줌마도 급하긴 하지만 다리를 꼬면서라도 기다릴게요. 천천히 일다 보세요. 진심이에요. 하지만 그래도 급하긴 해요."

나의 처진 볼 좀 올려 주세요

"사탕 물고 계세요?"
"아뇨, 사탕 안 물고 있는데요."
"난 또 혼자 사탕 드시는 줄 알았네요."

가끔 이 소리를 들으면 저절로 입을 오므리게 됩니다. 왕 사탕을 물고 있는 것처럼 볼록 나온 나의 양 볼을 보고 가끔 사람들이 '사탕 혼자만 먹느냐?'고 놀리기도 합니다.

옛적에 그 유명했던 코미디언 구봉서 장로와 아무런 인척관계가 아님에도 그 장로님과 똑같이 사탕 물고 있는 것처럼 양쪽에 볼록 나온 볼 때문에 친척이냐고 놀림을 받기도 했습니다. 입을 오므려 보아도 왕 사탕 하나 물고 있는 듯한 양 볼 때문에 신경이 많이 쓰이긴 합니다.

젊었을 때는 그러거니 했는데 나이 들어가면서 눈꺼풀도 처지고, 볼도 처지다 보니 그 문제의 눈깔사탕 문 것 같은 양 볼은 더욱 처져서 심술보처럼 보여 모양새가 말이 아닙니다. 사진을 찍어 보면 더 심합니다.

화장할 때 얼굴 아래에서 얼굴 위로 치켜 올리듯이 스킨이나 로션을 바르라고 해도 쓱쓱 싹싹 세수하듯이 질서 없이 마구 바르는 나의 화장 스타일은 고칠 수가 없습니다.

어느 날부터인가 처진 볼이 보기가 민망하여 신경 써서 볼을 올려가며 마사지도 해 보건만 하루아침에 처진 볼이 올라가긴 어려울듯하여 '무슨 좋은 방법이 없을까?' 생각하면서도 그냥 생긴 대로 살아갑니다.

그러던 어느 날, 한국 갔다가 오랜만에 돌아온 우리 집사님이 처져 있는 나의 양 볼을 보고 마음이 아팠는지 한국의 남편에게 부탁을 해서 마스크 팩 한 박스를 택배로 보내 왔습니다. 양쪽 귀에 걸어서 처진 볼을 잡아 올릴 수 있는 마스크형 피팅 겔이었습니다. 얼마나 감사한지요.

그날부터 나의 처진 볼을 잡아 올리는 마스크와의 전쟁이 시작되었습니다. 밤마다 그 마스크를 쓰고 처진 볼을 잡아 올려 봅니다. 잠결에 나의 얼굴을 본 남편이 기절하듯이 놀랍니다.

"헉, 마스크맨이다!"

그러던 말던 나는 나의 갈 길을 충실히 갈 뿐입니다.

나이 들어 예뻐져 본들 누가 봐 줄 것도 아니고, 처진 볼 좀 올라갔다고 나이가 거꾸로 먹는 것도 아닌데 매일 밤 지극정성을 다하여 열심히 마스크를 쓰고 볼을 올려 봅니다.

하루, 이틀….

며칠이 지나자 정말 처졌던 볼이 살짝 올라간 듯합니다.

느낌일까요?

정말일까요?

그러던 또 어느 날, 한국에 잠깐 다녀온 그 집사님이 이번에는 반 영구적이라며 페이스 벨트를 하나 사 왔습니다. 허리 벨트가 아닌 얼굴 벨트! 턱부터 머리통까지 벨트로 잡아매서 브이라인을 만드는 거라네요.

이제는 또 밤마다 턱부터 머리통까지 벨트로 잡아매고 집안을 돌아다닙니다. 살다 보니 별것을 다 해 봅니다. 언능 효과를 좀 보려고 얼마나 세게 잡아 매는지 머리통을 지나 뇌까지 먹먹해집니다. 하지만 머리통이 아파 그리 오래 하진 못합니다.

잠결에 남편이 벨트 한 나의 얼굴을 보고 벌떡 일어나 이리 보고 저리 보고, 아이들도 놀라 이리 보고 저리 보고….

"당신, 턱 나갔어?"

"엄마, 입 돌아갔어요?"

그러던 말든 나의 외모까지 신경 써 주시는 우리 집사님과 나의 작은 신음에도 응답하시는 하나님께 감사를 드리며 지극정성을 다하여 내 갈 길을 또 충실히 갑니다.

그저 어찌하든 좀 더 젊어 보이려고 애쓰는 나의 모습을 보면서 "겉 사람은 후패하나 속사람은 날로 새롭도다."라고 고백한 사도바울 앞에 살짝 부끄럽긴 하지만 이왕이면 속사람 뿐만 아니라 겉 사람도 날로 아름다워지면 더 좋지 않겠습니까? 그래도 양심이 있는지라 겉 사람보다는 속사람이 날로 새로워지기를 간절히 소망하며 빌어 봅니다.

"주여, 나의 겉 사람은 후패하나 나의 속사람은 날로 새로워지게 하옵소서. 나의 처진 볼 뿐만 아니라 나의 처진 어깨도, 나의 처진 마음도, 나의 처진 생각도, 나의 처진 믿음도 좀 올려 주시어 그리스도인으로 당당하게 살아가게 하옵소서."

당 떨어지셨나요?

　어느 날 아침 일어나 보니 벌 두 마리가 부엌 창문에 붙어 날지도 못하고 벌벌 기어 다니고 있습니다.

　우리 집 거실 문을 열어 놓으면 마주 보이는 부엌 큰 창문이 밖으로 뻥 뚫린 길인줄 알고 새들도 날아 들어와 머리통을 부딪치기도 하고, 매미들도 날아 들어와 부딪쳐 기절하는 일이 가끔 있긴 합니다.

　새들도, 매미도, 나방도, 왕파리도, 말벌들도 두말 할 것 없이 날마다 스쳐 지나가는 정류장처럼 들어와서는 윙윙거리다가 열린 창문 사이로 잘도 빠져 나가는데 오늘 들어온 벌 두 마리는 처음 방문했는지 창문도 못 찾고 비실비실 기어만 다니고 있습니다. 창문에서 떨어졌다 다시 기어 올라가고, 기어 올라갔다 다시 떨어지기를 수없이 반복합니다.

　이 지구상에서 벌들이 사라지면 수정해 줄 벌이 없어 꽃들도 사라지고, 열매들도 사라지고 나중에는 지구가 멸망한다고 곤충 한 마리, 벌 한 마리도 못 죽이게 하는 딸아이의 말이 생각나서 어떻게든 살려 내보내려고 파리채를 가지고 애를 써 봅니다. 모기나 파리 때문에 여름에 약을 쳤는데 그 약 기운 때문에 비실거리는가보다 하면서도 계속 벌을 쫓아내려고 애를 씁니다.

이따만큼 큰 사람이 코딱지 만한 벌 하나 못 잡고 벌벌대는 엄마의 모습이 우스웠는지 물 마시러 나왔던 아들이 처방전을 내려 주었습니다.

"엄마, 그 벌 앞에 꿀을 조금 발라 놓으세요. 그 벌들이 지금 당이 떨어져서 그래요. 꿀 좀 먹으면 곧 날아 갈 거에요."

"벌도 당이 떨어지니? 어떻게 벌도 당이 떨어질 수 있지?"

"애네들은 지금 꿀 찾으러 나왔다가 길을 잃어 버린거예요. 꿀을 찾기도 전에 당이 떨어져서 힘이 없어진 거죠."

그럴듯한 아들의 말을 듣고 기어 다니는 벌 앞에 꿀을 살짝 발라 놓았습니다. 그랬더니 정말로 꿀 냄새를 맡은 벌 두 마리가 벌벌 기어와서는 정신 없이 꿀을 먹네요.

꿀을 좀 먹은 벌 두 마리가 아까보다 기어다니는 속도가 빨라지는 것 같더니 한참을 지난 후 열린 창문 틈이 그제서야 보였는지 횡하니 날라가 버렸습니다. 지구를 살리는 일에 이렇게 동참했다는 마음에 흐뭇하더군요.

그러던 어느 날, 우연찮게 만난 은퇴 목사님으로부터 더 재미있는 벌 이야기를 듣게 되었습니다. 그분의 이야기인즉슨, 일벌 한 마리가 꿀을 찾아 나섰다가 노다지로 꿀을 만나게 되면 자기집 꿀 통으로 잽싸게 돌아와서는 꿀이 있는 방향으로 엉덩이를 마구 흔든답니다. 그러면 많은 일벌들이 그 모습을 보고 꿀이 있는 방향을 안다네요.

그리고는 놀랍게도 엉덩이 흔드는 속도와 횟수를 보고 꿀이 어디쯤에 있는지 그 거리를 측정한다는군요. 하나님의 창조섭리는 참으로 신묘막측합니다. 이제 방향과 거리를 알았으니 당연 일벌들의 움직임이 분주해지겠지요.

꿀이 있는 방향과 거리를 알게 된 벌들은 출동하기 전에 먼저 그 거리만큼 갈 수 있는 꿀을 몸에 저장을 합니다. 많이 가져가면 무겁고, 적게 가져가면 가다 지치니까 친구가 알려 준 그 거리에 갈 만큼만 꿀을 저장해서 길을 떠난답니다. 돌아올 때는 꿀을 가지고 올 테니까 굳이 많이 가져갈 필요가 없겠지요.

그런데 꿀을 찾아 열심히 그 방향으로 날아가다가 길을 잃어버리거나, 딴 길로 새거나, 딴 짓을 하거나, 딴 벌을 쫓아가거나 또는 더 좋은 꿀이 있나 이리저리 헤매는 벌들이 꼭 있다는 것입니다.

그러다 보니 꿀이 있는 곳에 가 보지도 못하고 당이 다 떨어져서 벌벌 기는 벌들이 있다는 것 아닙니까? 사람 사는 집안으로 기어들어 온 벌들이 이러한 꼴통 벌들이겠지요.

에휴, 어찌 그리 우리 인간들이랑 똑같은지….

아니 어찌 그리 누구랑 똑같은지….

아니 어찌 그리 이 사람이랑 똑같은지….

아니 어찌 그리 저 사람이랑 똑같은지….

아니 어찌 그리 나랑 이렇게 똑같은지….

혹시 인생길 살아가는 지금,

당 떨어져서 비실거리시는 분 계신가요?

돈 말고….

당이요.
꿀송이보다 더 단 하나님 말씀 얼능 잡숴 보세요.
새 힘이 날 겁니다.

아빠의 육아시집

"돌잔치 대신에 육아시집을 출간했습니다.
일 년 동안 저희 아들을 위해 기도해 주시고
물심양심으로 도와주셔서 감사드립니다."

아들의 첫돌이 돌아오자 우리 부부는 고민을 했습니다. 돌잔치라 하여
일가친척들과 가까운 이웃들과 함께 먹고 마시며 즐거운 시간을 보내는
것도 좋지만 아들에게 의미 있는 첫 생일을 만들어 주고 싶은 마음이 더
컸습니다.

여러 형제 가운데 막내로 자란 나보다는 어머니 돌아가시자 어린 동생
을 키워 본 과거가 있는 남편이 임신 전부터 시작해서 아들이 태어나 1년
동안 자라는 모습을 틈틈이 시로 적어 놓았던 것이 있어서 돌에는 목사님
을 모시고 감사예배만 드리고, 돌잔치 대신 "하나님의 아가"라는 제목으
로 육아시집을 출간하기로 했습니다.

첫 울음소리

아기의 첫 울음은 세상에 나옴에 대한
환희와 기쁨보다는 고통의 표현이리라

아기집에서의 평안을 깨뜨리고 나온 아기는
낯설기 그지없는 환경에 당황했으리라

눈부신 세상에 나온 아기는 시끄럽고 추위를 느끼게 하는
자극적인 것들로 인해 놀랬으리라

아기집에 떠 있던 아기는 갑작스러운 환경의 변화 속에서
첫 호흡을 시도해야 하는 어려움에 다달았으리라

호흡은 힘이 필요하기에 아기는 첫 시련에 당황하지만
힘찬 울음을 통하여 첫 호흡에서 안정을 찾았으리라

울음은 임마의 세성에서 홀로 떨어지는 순긴이며
처음 오는 땅에서의 출발이리라

    둘째 딸아이 역시 잉태되는 날부터, 태어나 자란 1년 동안의 모습을 남편은 시시콜콜하게 시로 또 남겼습니다. 보통 육아일기는 엄마들이 쓰는데 어찌된 우리 집은 엄마대신 아빠가 육아 시를 씀으로 해서 "예수님의

아가"라는 또 하나의 육아시집을 출간하여 일가친척들과 가까운 이웃들
께 돌잔치를 대신하여 감사함을 전했습니다.

요람

아기집에 든 날에서부터
난 날까지 자란 곳으로 온 것은
첫이레만이었다

엄마를 통해 느낀 익숙한 공간,
나를 잉태한 요람은
온통 책들로 점령되어 있다

책이 가득한 방에서 나는 그 냄새가
코끝에서 살아나 울어버린
그 공간에서의 첫 밤

어버이가 함께 누웠던 그 자리에 누워
든 날부터 난 날까지의
세월을 더듬어 본다

아기집에서 보낸 시간과는
다른 시간을 시작하는 이곳은

두 아이가 자라가며 심심하면 선 날부터 첫 돌까지의 자기들의 모습을 시로 읽으며 신기해 하기도 하고, 재미있어 하면서 아빠에게 감사를 표현합니다. 아무리 생각해 보아도 돌잔치대신 육아시집을 만들어 준 것이 정말 잘했다 생각됩니다.

가끔 우리 부부도 시집을 펼쳐 들고 웃기도 하고 눈물짓기도 하며 어느새 스무 살을 훌쩍 넘긴 두 아이를 늘 하나님께 올려 드립니다.

내가 누군 줄 알아? 난 말이야!

자녀들이 자라면 하나둘 떠나보내는 훈련을 하라는 앞선 어르신들의 말씀입니다.

세영이는 대학생 형과 고등학생 누나를 이웃사촌쯤 생각하고 살아가야 할 부모님에게 눈에 넣어도 안 아플 늦둥이로 태어났습니다. 형, 누나는 물론이요, 엄마, 아빠는 더 물론이며, 할아버지, 할머니에게는 남은 인생의 전부인 세영이입니다.

날마다 온 가족들의 입에서는 "우리 세영이~ 우리 세영이~"가 울려 퍼집니다. 잘해도 '우리 세영이', 못해도 '우리 세영이', 넘어져도 '우리 세영이'. 그 녀석에게는 모두가 면죄부를 발급해 줍니다. 그래서 세영이는 '우리 세영이'라는 이유 하나만으로도 어디를 가든지 무서울 게 하나도 없습니다. 왜냐하면 '나는 우리 세영이'이니까요. 그러던 어느 날, 교회에서 쫌 까불다가 대따 큰 형님에게 딱 걸렸습니다.

"너 이리 와 봐! 형님한테 까불래? 맞는다아~."

다른 꼬맹이들은 다 놀라 도망가는데 우리 세영이만 그 형님 앞에 떡 버티고 서 있습니다. 가는 실눈을 부릅뜨고 양손을 허리에 척 걸치고 힘껏 인상을 써가며 형님과 맞짱을 뜹니다.

"어쭈! 이 쪼그만 게 형한테 덤빌려고?"

골리앗처럼 큰 형이 솥뚜껑만 한 손바닥을 올렸다 내렸다 겁을 줍니다. 영락없이 다윗과 골리앗의 싸움입니다. 골리앗 형님을 한참 노려보던 우리 세영이!

"너는 창과 단창으로 내게 오거니와 나는 만군의 여호와의 이름으로 네게 간다."

온 힘을 다해 외쳤던 다윗처럼 세영이가 큰 소리로 외칩니다.

"형! 내가 누군 줄 알아? 난 말이야! 우리 세영이야, 우리 세영이!"

무서울 것도 없습니다. '나는 우리 세영이'니까요. 두려울 것도 없습니다. '나는 우리 세영이'니까요. 이 다섯 살 난 세영이에게는 이 세상에서 '우리 세영이'를 최고로 아는 할아버지, 힐머니, 아빠, 엄마, 형, 누나가 있기에 어딜 가든 무서울 것이 없습니다. 결국 골리앗 형님은 너털웃음으로 우리 세영이에게 두 손을 들고 항복하고 말았습니다.

저도 '우리 세영이'처럼 좀 당당했으면 좋겠습니다. 골리앗과 같은 세상에서 어떠한 어려움과 고난이 온다 해도 당당하게 맞서 이길 수 있는 세영이의 당당함처럼 말입니다. 어려운 시기를 모두가 지나고 있는 이때 우리 모두 세상을 향해 힘껏 외쳐 봅시다.

"야, 세상아! 내가 누군 줄 알어? 난 말이야! 하나님의 자녀야, 하나님의 자녀!"

은밀하게 거래된 나의 인생

"필요 없으면 데려 가시고
사람 구실할 것 같으면 살려 주시옵소서.
살려 주시면 주의 종으로 바치겠나이다."

갓 돌이 지난 막내딸이 홍역으로 다 죽어가자 둘둘 포대기로 말아 윗목
에 밀어 놓고는 새벽기도에서 간절히 눈물로 서원기도를 드렸습니다.

집에 돌아와 아침을 짓는데 옆집 엄마 친구가 사과 반쪽을 들고 오더니
죽어 있는 아이 방으로 들어갑니다. 들어간 후 한참 만에 나오면서 하시는
말씀이

"어휴~, 숟가락으로 긁어 준 사과 반쪽을 다 먹네."

들어가 보니 아이가 까맣게 눈을 뜨고 살았더랍니다.

이렇게 제 의사와는 전혀 상관없이 하나님과 우리 어머니와의 은밀한
거래로 주께 바쳐진 저는 주의 종이 되어 뒤로도 못 가고 옆으로도 못 가

고 오직 앞만 보고 죽어도 가야 하는 이 길을 오늘도 감사함으로 열심히 가고 있습니다.

저 역시 하나님과의 은밀한 거래로 복중에 있는 아이를 제 마음대로 하나님께 드렸습니다.

"이 아이가 아들이든 딸이든 상관없이 주의 종으로 바치겠나이다. 주여, 받으시옵소서."

그 어머니의 그 딸입니다.

둘째 아이가 뱃속에서 꿈틀대던 어느 날,

"이 아이가 딸이든 아들이든 상관없이 선교사로 드리겠나이다. 주여, 받으시옵소서."

아이의 의사와는 상관없이 또 주의 종으로 드렸습니다. 그 딸은 그 어머니께 배운대로 했습니다.

아이들이 자라가는 동안 세뇌 교육을 시킵니다.

"이를 어쩌니. 엄마 아빠가 너희 둘을 다 하나님께 주의 종으로 서원하여 드렸는데."

그래도 참 감사합니다. 아직까지는 둘 다 싫다는 말은 하지 않습니다. 두 아이가 주의 종이 되어 이 길을 갈 때면 저와 똑같은 말을 하겠지요.

"하나님과 우리 엄마의 은밀한 거래로 제 인생은 이미 정해져 버렸습니다. 저도 엄마에게 배운 대로 우리 아이들을 주의 종으로 드리나이다."

내가 무슨 큰일을 하겠다고

가끔 듣기 좋으라고 칭찬을 해 주시는 분들을 만나곤 합니다.

사실 나는 몇 년 동안 신문사를 운영해 오면서 '큰일'이라고 생각해 본 적이 거의 없습니다. 왜냐하면 나는 원래 신문쟁이도 아니요, 글쟁이도 아니요, 사업가는 더더구나 아니기에 하나님의 노우심 없이는 아무것도 할 수 없는지라 큰일은 하나님의 몫이요, 나는 그저 최선을 다하는 것뿐이라 생각했기 때문입니다. 나는 목회자 사모로서 하나님께서 맡겨 주신 일들을 잘하든 못하든 최선을 다하면 된다고 생각하며 살아가는 나름 아주 자유로운 영혼입니다.

나도 한때는 큰일을 해 보려고 설치고 날뛸 때가 있었습니다. 원래 나의 꿈은 정치가였습니다. 웅변으로 잘 다져진 목소리와 담력 때문에 수많은 사람들 앞에 서는 것을 두려워하지 않고, 장 여인의 기질 따라 김두한이 국회에 똥바가지를 쏟아 부었다면, 나는 똥지게를 쏟아 부을 용기도 있다고 객기 어린 생각을 하기도 했었습니다.

국회에 금배지 달고 들어가는 것을 이루기 위해 무던히도 날뛰던 세월들 속에서 그것이 나에게 주어진 사명이라 생각했고, 세상의 모든 불의와 맞서 싸워야 한다는 것이 저의 신조이기도 했습니다. 가난하고 억눌린 자들을 위해 앞장서서 저들을 대변하고 저들을 구원해야 한다는 것이 삶의 지표이기도 했습니다.

그런데요. 우리 하나님께서는 나에 대한 다른 계획을 가지고 계셨습니다. 세상에서 정의를 외치고, 세상의 불의에 대적하는 사람이 아니라 하나님 말씀을 전하고, 하나님을 위해 일하는 자가 되기를 원하셨습니다.

교회를 개척하시고, 교회를 지어 봉헌하셨던 부모님과 많은 형제들 밑에서 막내로 자란 저는 유독 고집이 세고, 내가 하고 싶은 대로 하는 성격인지라 하나님이 잡아다 쓰시기에는 너무나도 천방지축 마골피, 고집불통, 꼴통이었나 봅니다. 결국 채찍을 드시고야 말았습니다. 황해도 씨름 선수였던 건장한 아버지를 한방에 무너뜨리셨습니다.

그날은 몇십 년 만에 엄청나게 많은 눈이 내린 날이라고 했습니다. 정말로 주먹만 한 함박눈이 펑펑 내렸습니다. 온 세상이 온통 하얗게 눈으로 덮였던 그날, 나는 아버지가 누우신 병실 구석 창가에서 그동안 멀리했던 성경책을 찾아들고 무릎을 꿇었습니다.

"하나님, 아버지만 살려 주시면 제가 서원했던 주의 종의 길을 가겠습니다."

2차 서원이었습니다. 중학교 때 했던 1차 서원은 옛적에 물 건너갔고, 아버지의 병상에서 2차 서원을 다시 드렸습니다.

결국 아버지는 이십여 일 만에 하나님의 부르심에 순종하여 본향으로 돌아가셨고, 세상을 변화시켜 보겠다고 날뛰던 나는 하나님의 낚시줄에 꿰어 주의 종의 길로 돌아왔습니다. 안 돌아오면 나도 죽을 것 같았습니다.

세상에서 내 나름대로 큰일을 해 보겠다고 날뛰던 모태신앙이었던 나는 그렇게 하나님 앞에 순한 양이 되어 오늘까지 오도 가도 못하고, 도망도 못 가고, 딴 길로 한눈도 못 팔고 은혜로 여기까지 왔습니다.

큰일이요? 이 우주만물에서 내가 살고 있는 지구 땅덩이는 먼지만도 못하고, 그 먼지만도 못한 지구 속에서 살고 있는 나라는 존재가 세상을 위해서 큰일을 하면 얼마나 큰일을 할 것이며, 하나님을 위해서 큰일을 하면 얼마나 큰일을 하겠습니까?

이름을 날려 본들, 커다란 프로젝트를 이루어 본들, 숫자에 묶여 있는 성공을 했다 한들 그것이 하나님 앞에 무슨 소용이 있겠습니까?

진정한 큰일은 내가 있는 그 자리에서 하나님께서 맡기신 일에 최선을 다하는 것이 아니겠습니까?

큰일 한다는 사람치고 여기저기 떠도는 나그네는 없습니다. 큰일 한다고 유리하며, 방황하며 매일 헤매는 사람은 없습니다. 있는 내 자리에서 최선을 다하는 사람, 그곳이 어떠한 곳이든, 상황이 어떠하든지 나에게 주어진 그 자리에서 견디고 이기는 사람! 그 사람이 바로 큰일을 하고 있는 사람 아니겠습니까?

오늘 내가 서 있는 자리, 오늘 내가 앉아 있는 자리, 오늘 내가 머문 그 자리에서 최선을 다해 보십시오. 내가 지금 어디로 가고 있는지, 어디를 가려고 방황하고 있는지, 가던 길 멈추고 내가 있어야 할 그 자리를 지켜보세요. 바로 그 자리에서 하나님께서는 나를 통해 큰일을 행하실 것입니다.

이 사람이냐? 미국행이냐?

하나님께 코 꿰어 주의 종의 반열에 들어서게 된 나는 세상 등지고 십자가만 바라보는 신학도들이 왠지 융통성이 없는 것 같아 답답하다는 생각을 많이 했습니다.

세상 사람들은 기분 언짢은 일이 있거나 서로 오해가 있으면 술 한 잔 하고, 욕 한마디 하고 툭툭 털어 버리면 끝나는 것 같은데 이것은 뭐 교인이 되고, 전도사가 되고, 목사가 되다 보니 한번 삐지면 족히 10년은 삐진 채 그냥 가는 것 같습니다. 이렇게 쫀쫀할 수가 없습니다.

신학의 길로 들어서면서 이제는 서원한 대로 여 목사가 되어 평생 혼자 살면서 주의 일을 하리라 다짐을 했습니다. 혼자 사는 법, 독신녀의 삶, 이러한 책들을 골라 수없이 습득을 했습니다. 만나는 사람들이 평생 홀로 사신 나이든 전도사님이나 여 목사님이었습니다. 그녀들을 통해 혼자 사는 법들을 한 수 배우며, 그네들의 삶을 따르기를 원했습니다.

"신학 공부하는 동안 절대 연애하면 안된다."

우리 어머니의 강압적인 말씀도 한 몫을 하기도 했습니다. 남자 보기를 돌을 보는 것같이 하며 살라 하셨습니다. 하나님께 코 꿰어 끌려 들어간 딸이 혹시나 남자에게 눈이 멀고, 귀가 멀고, 마음까지 멀어서 뛰쳐나올까 심히 염려가 되었나 봅니다.

남자 보기를 돌을 보는 것처럼 하며 신학 공부하는 동안 헬라어에 미쳐서 자나 깨나 헬라어만 붙들고 살았습니다. 그리스로 유학 가는 것이 꿈이었습니다. 신약성경을 원문인 헬라어로 통달하고 싶은 야무진 꿈을 꾸었습니다.

그런데 몇 년 후, 그리스가 아니라 미국 유학의 길이 먼저 열렸습니다. 미국에서 공부를 더 하고 그리스로 넘어가서 헬라어를 공부하면 되겠다 싶었습니다. 하나님의 특별하신 은혜라 여겼습니다.

"미국 가서 공부하려면 혼자 가면 절대 안 돼요. 가려면 결혼하고 가야 해요."

미국에 공부하러 간다고 하자 열이면 열 사람이, 백이면 백 사람이 한결 같이 결혼을 하고 가라고 합니다.

"아니 평생 혼자 살려고 작정한 사람이 결혼은 무슨 결혼? 아니 내가 지금 갑자기 누구랑 결혼을?"

결혼은 아예 생각도 없이 열심히 미국 갈 준비를 했습니다. 그때 눈에 밟히는 한 사람이 있었습니다. 8살 때 엄마를 여의고, 엄마대신 어렵게 동생 둘을 훌륭하게 키운 중보기도팀에 함께하는 젊은 전도사였습니다. 늘 허기져 있는 그였기에 밥도 잘 사 주고 맛있는 것도 잘 사 주며 내 나름 돌보던 전도사였습니다. 막상 미국으로 떠나자니 그 사람이 마음에 걸렸습니다.

"내가 아니면 누가 돌보랴!"

미국이냐, 이 사람이냐?

이 사람이냐, 미국이냐?

결국, 청춘의 꿈을 안고 박사 공부하려고 떠나려던 미국행 마음을 접고 사랑을 선택했습니다. 사랑을 선택하면서 공부도 포기하고, 독신도 포기하고 지금은 아들딸 낳고 행복하게 잘 살고 있습니다.

가끔 우리 성도들도, 가까이 있는 이들도 말하곤 합니다.

"그래도 목사 안수는 받으셔야죠."

그러면 저의 대답은 한결 같습니다.

"그러게요. 하나님께서 목사로 혼자 살면서 주의 일하기 원하셨다면 결혼도 안 시키고 독신으로 가게 하셨겠지만 목사와 결혼하게 하셨으니 사모로도 족하다 여기시는 것 아니시겠어요?"

공부를 포기해서 후회하거나, 결혼을 해서 후회하거나, 목사가 안 되어서 후회해 본 적은 한 번도 없습니다. 이 모든 일이 하나님의 섭리와 계획 안에 있었을 테니까요.

비록 지금 내가 행하는 일이 큰 일이 아닐지라도 오늘도 하나님 앞에 서 있음에 감사할 뿐입니다. 비록 내가 지금 행하는 일이 작을지라도 나를 써 주심에 감사할 뿐입니다.

도사와 똥강아지

"너는 왜 이렇게 졸졸 따라 다니니?"
"좋아서요."
"너는 왜 집에도 안 가니?"
"좋아서요."
"넌 왜 또 왔니?"
"좋아서요."

교육전도사로 부임한지 얼마 안 되어 늘 교회에서만 살려는 남자 아이의 대답입니다. 금수저로 태어난 이 아이는 교회 앞 아파트에 사는 중학생 남자 아이인데 이 아이에게는 의사인 형과 누나가 있고, 독일로 유학간 작은 누나가 있고, 주유소를 운영하시는 나이 드신 부모님이 계십니다. 잘나가는 형과 누나들이 있어서인지, 아니면 잘난 형과 누나들에게 치어서 주눅이 들었는지 이 아이는 유독 공부에는 별로 취미가 없습니다.

그러다가 어느 날, 학생회 담당으로 새로 온 여 전도사인 나를 찍었습니다. 부모님은 주유소를 운영하시느라 지방에 계시고, 형, 누나들은 얼굴 보기 힘들고, 늘 도우미 아주머니를 엄마 삼아 지내다가 젊은 여 전도사를 보고는 '큰 누나'로 찍어 버린 겁니다.

학교 끝나고도 오고, 지나가다가도 오고, 불만 켜 있어도 오고, 심심해도 옵니다. 아파트에서 내려다보이는 교회 사무실을 염탐하면서 제 그림자만 보였다 하면 달려와 학교에서 있었던 이야기, 엄마 이야기, 형한테 혼난 이야기, 공부하기 싫다는 이야기, 미래 이야기, 좋아하는 여자애 이야기를 늘어놓습니다.

그 아이에게는 누군가 자기의 이야기를 들어 줄 사람이, 자기의 이야기에 귀 기울여 줄 사람이, 그래도 괜찮다고 토닥토닥해 줄 사람이 간절히 필요했던 거겠지요. 공부만 빼면 어느 것 하나 부족함이 없는 아이입니다. 성격 좋죠, 마음 따뜻하죠, 잘생겼죠, 부자죠. 거기다가 믿음 좋죠.

그날부터 이 아이의 큰 누나, 때로는 엄마, 때로는 엄한 전도사로 그 아이에게 마음의 후원자가 되었습니다. 얼마나 졸졸졸 따라 다니는지 나는 그 아이를 '똥강아지'라 불렀습니다. 그 아이는 '전'자는 어디에 팔아먹었는지 나를 늘 '도사님'이라 불렀습니다. 도사님 소리를 귀가 닳도록 들으면서 흐른 세월이 10년이 훌쩍 지나고, 나는 뉴질랜드로, 그 아이는 학업을 위해 미국으로 가게 되었습니다.

그렇게 몇 년이 지난 후, 어머니의 강압적인 협박으로 부모님 사업을 물려받기 위해 한국으로 귀국하는 길에 이곳 뉴질랜드 도사님을 찾아왔습니다.

"저, 정말 부모님 사업 물려받고 싶지 않거든요. 저도 제 나름대로의 삶을 살고 싶은데 부모님은 꼭 저보고 이 일을 맡아 하라고 그러세요."

김밥 옆구리 터지는 소리, 지렁이 하품하는 소리, 개구리 옆 발질하는 소리, 귀신 씻나락 까먹는 소리를 합니다.

"야, 이 똥강아지야! 남들은 하고 싶어도 못하는데 너는 그냥 주시는 사업도 운영 못하냐? 똥강아지 같으니라고…."

"에이, 이제 저도 서른 넘은 어른이에요. 똥강아지라고 부르지 말고 똥개라고 불러요."

"무슨 소리! 넌 나의 영원한 똥강아지야. 결혼해서 아그들 낳으면 그때 똥개라고 부를게."

다른 자식들은 번듯하게 제 갈 길들 가는데 홀로 타국에 살고 있는 막내아들이 마음에 걸려 당신들의 사업을 물려주고 싶으신 그 부모님의 마음을 이 똥강아지는 왜 모르겠습니까? 한국에 들어가지 않겠다고 튕기는 이 똥강아지를 어떻게 해야 할지 모르겠습니다. 비자는 연장까지 해 가며 안 가죠, 부모님은 빨리 보내라고 하시죠. 이제 내 마음대로 못하는 똥개가 되어 있어서 여간 힘든 게 아닙니다.

몇 달을 이곳에 머물다 비행기 예약을 해 놓고 어머니의 성화에 못 이겨 집에 끌려갈 날을 기다리던 어느 날! 밤새도록 가슴을 치고, 벽을 치고, 몸부림치며 통곡하다 하얗게 밤을 지새우더니 이른 새벽, 퉁퉁 부은 얼굴을 하고 미련 없이 이곳을 떠났습니다. 어머니가 갑자기 교통사고로 돌아가시고 말았거든요.

그 며칠을 못 기다리시고 사랑하는 막내아들 얼굴을, 그 며칠을 빨리 가지 못해 사랑하는 어머니의 얼굴을 보지 못한 채 나의 똥강아지는 영원히 가시지 않을 후회와 아픔을 안고 지금까지 어머니의 그 자리를 지켜가며 어머니 남기신 사업을 잘 운영해 가고 있습니다.
　나는 오늘도 '똥개 되었다'는 소리를 기다립니다.

　토닥토닥! 토닥토닥!
　나의 마음의 소리와 함께….
　토닥토닥! 토닥토닥!
　혹시나 등 두드려 주어야 할 이웃이 내게 있지 않나요?

복음 들고 산을 넘는 자의 다리통

집사님 한 분이 딱! 제 스타일의 검정색 롱부츠 한 켤레를 가지고 와서 자꾸 신어 보라고 합니다. 예쁘게 잘 빠진 것이 참 멋스럽습니다. 허나 척! 보아도 제 발엔 맞지 않을 것 같습니다.

"집사님! 감사한데요, 제 발엔 안 맞아요."

"아니 무슨 말씀을! 이렇게 큰 데 안 맞다니요."

"발은 맞을지 몰라도요, 제 종아리에는…."

"아니 종아리가 얼마나 굵다고 이게 안 맞아요? 코끼리 다리통도 맞겠구면."

제 종아리는 저만 아는데 참 난처합니다.

사랑으로 가져온 집사님 생각해서는 꼭 신어야 하는데 발목 없이 종아리로 바로 올라온 제 두 다리는 장난 아니거든요. 그래서 늘 바지만 입는 그 속사정을 모르는 우리 집사님, 계속 신어 보라 합니다. '신어 보라.' '안 맞는다.' 실랑이하다 결국 신어 보았습니다.

"집사님, 보세요. 제가 안 맞는다고 했잖아요."

우기던 집사님, 훈수를 두던 교인들 모두 그만 말문을 닫습니다. 발목까지 올라가던 지퍼가 종아리 중턱에 걸려 더 이상 안 올라가거든요. 잘 숨겨 오던 제 다리통이 들통 난 순간입니다.

"그럼, 올라간 데까지 놔두고 잘라 버려. 그리고 꿰매."

자른다 만다, 꿰맨다 안 된다 서로 난리입니다.

"하나님도 참! 우째 제 다리통을 이리 굵게 만들어서리."

부츠는 다른 이의 발에 들어가더니 쑤욱 잘도 올라갑니다. 민망하게 모든 시선이 다시 제 다리통에 머뭅니다. 구두방에 가면 소복이 올라온 발등을 보고 직원들이 말합니다.

"손님! 발이 참 건강하시네요."

차마 발이 두툼하게 살쪘다는 소리는 못하고 그냥 건강하다고 표현하는 줄 잘 압니다. 발이 좀 부은 거라고 궁색한 대답을 해 보지만 그들은 압니다. 절대 부은 것이 아니라는 것을….

얍실한 부츠는 물 건너갔지만 저에게 큰 위로가 되는 말씀이 있답니다.

'복음 들고 산을 넘는 자의 다리통' 세상에 이보다 더 아름다운 다리통이 어디 있으리오.'

튼튼한 두 다리 주심에 감사하며 오늘도 복음 위해 묵묵히 제 길을 갑니다. 그래도 여전히 예쁜 다리는 부럽습니다. 물 건너 간 부츠도 눈에 삼삼하고요.

뒷모습이 아름다운 사람

어느 주일 예배 후 대여섯 명의 여인들이 모여 아웅다웅합니다. '누구의 이름이 가장 촌스러운가?' 내기를 하는 겁니다.

우리가 듣기에는 한결같이 촌티나는 이름인데 그래도 본인들의 이름이 제일 세련되었다고들 우깁니다.

"필녀가 뭐야? 필녀가! 나이도 젊은 사람이."

"에고, 완순이는 어떻고? 점숙이가 좀 낫재?"

"말그라. 완순이나 점숙이나 똑같구먼. 강아지 이름이가?"

"그나마 귀춘이가 젤 낫다, 말숙이보다는…."

"귀춘이나 말숙이나 그게 그거제!"

고민을 거듭한 후에 공정한 심사위원들이 '김필녀'라는 이름을 일등으로 뽑았습니다. 가장 나이 어린 사람의 이름이 '필녀'가 뭐냐며 구박과 함께 영예의 일등을 그녀에게 주었습니다. 그리고는 자기들의 이름이 '필녀' 보다는 세련되었다고 흐뭇해합니다. '필녀' 씨의 일등 소감이 그럴 듯합니다.

"필녀! 어디든 꼭 필요한 여자, 필녀를 많이 애용해 주세요."

그래서 그런지 그녀는 정말 어디든 꼭 필요한 여자였습니다. 슬플 때 같이 울고 기쁠 때 같이 웃어 주던 여자, 필녀! 궂은일 마다하지 않고 교회와 이웃을 잘 섬기던 여자, 필녀! 그러던 어느 날, 더욱 '필요한 여자'가 되기 위해 중국선교사로 부름 받아 남편과 함께 중국으로 떠났습니다. 그녀의 빈자리는 오랫동안 그녀를 생각나게 했습니다. 떠나고 난 그 자리가 그 사람의 뒷모습이라 했는데….

우리 아이들에게 늘 말합니다.

"앉았다 일어난 자리는 늘 깨끗이! 그것이 너의 뒷모습이다!"

그래요, 필녀! 그녀처럼 뒷모습이 아름다운 사람이고 싶습니다. 필녀! 그녀처럼 뒷모습이 그리운 사람이고 싶습니다.

자유로운 영혼이 되어

"저는 지금까지 제 자신만을 위해서 살아왔습니다.
그런데 이곳에 와서 남을 섬기며 살아가는 많은 성도님들을 보면서
저도 그렇게 살아야겠다고 생각했습니다."

워킹 홀리데이 비자를 받고 이곳에 온 젊은 청년이 세례를 받은 후 간
증했던 말입니다.

시급이 높은 뉴질랜드 땅에서 영어공부도 하고 여행도 하고 돈도 좀 벌
어 보려고 왔다가 도착한 첫 주부터 교회에 붙잡혀 맨 앞자리에 앉아 말씀
의 은혜를 받더니 누가 뭐라 할 것 없이 교회 가족 안에 들어와 한 가족이
되었습니다. 한 주 두 주 지나면서 말씀이 육신이 되어 그의 안에 거하심
을 보게 됩니다.

한 달이 좀 지나자 멋진 차 한 대 사더니 남섬 여행을 하며 간간히 일도

하면서 뉴질랜드를 더 알고 오겠노라 하면서 차와 함께 훌쩍 길을 떠났습니다. 가는 곳마다 주일이면 교회를 찾아 예배를 드리고, 더 깊은 시골로 들어가면 한인 교회가 없어 백인 교회를 찾아들며 주일을 꼭 지켜갑니다. 가다 머무는 곳에 차를 세우고 차에서 잠을 자기도 하고, 일거리가 있으면 몇 날이든 몇 주든 그곳에 머물다 또 다른 길을 찾아 떠나곤 했지요. 자유로운 영혼이 되어 그렇게 3개월하고 3주를 정처 없이 발길 닿는 곳을 찾아들다가 다시금 우리 안에 돌아왔습니다. 농장에서, 우유 공장에서, 식당에서 주어진 대로 일을 하며 쓴 돈보다 더 많은 돈을 벌어 온 그는 요리사였습니다.

하던 공부를 중단하고, 반대하는 아버지를 설득하여 그가 그렇게 하고 싶어 하던 요리를 공부했습니다. 한식도 아니고 일식도 아닌 중식을 말이지요.

강남의 번듯한 중국관에서 배우고 익힌 실력으로 어디를 가든 필요한 사람이 되었습니다. 뚝딱뚝딱 칼 소리 몇 번 나면 멋진 요리가 한 상 차려집니다. 섬김이 있는 곳이면 어디든 함께 달려갑니다. 섬김이 유달리 뛰어난 멋진 청년입니다. 5주 동안의 성경공부 과정을 성실히 마치고 예수 그리스도를 구세주로 영접하고 일평생 하나님의 자녀로 살기로 다짐하며 하나님의 구원받은 백성이 되었습니다.

그의 세례식이 있던 날, 태평양 한 귀퉁이 바닷물 속에 푹 잠겨 옛사람이 죽고, 물 밖으로 나오며 새사람이 되었습니다. 온 교회 가족들이 함께 기뻐하고 즐거워하며 축하해 주었습니다. 찬양도 참 잘합니다. 악보를 잘 못 본다고 하면서도 서너 번 따라 하면 코러스까지 넣어 멋지고 은혜롭게 잘 부릅니다. 처음엔 노래방 폼으로 마이크 잡고 찬양하더니 이제는 성령

충만하게 잘도 부릅니다. 주일 지키는 곳만 찾아 일하면서 주일성수를 충실히 해 갑니다. 이처럼 보람차고 알차게 워킹 홀리데이 비자 기간 동안 잘 지내는 청년도 드뭅니다.

무엇보다 예수님을 영접했죠, 세례 받았죠, 실컷 여행하고 돈도 많이 벌었죠, 사랑도 많이 받았죠, 섬기기도 많이 했죠, 영어학원 다니면서도 일했죠, 여행하면서 터득한 생존 영어로 많은 외국 친구들을 사귀며 보람찬 하루하루를 보냈죠, 그만의 독특한 소스나 요리들을 교인들에게 전수해 주며 날샌 칼잡이로 주방의 한 자리를 톡톡히 차지하며 아줌마 부대의 인기남이었습니다.

워킹 홀리데이 비자가 다 끝날 무렵 한국으로 돌아간다며 타던 차를 남겨 놓고 갔습니다.

"이모, 차 필요하실 텐데 이 차 쓰세요."

주님 품으로 다시 돌아온 그는 사랑하는 나의 조카입니다. 그는 한국으로 돌아갔지만 그가 타던 파란 차는 우리 집 앞을 여전히 지키고 있습니다.

직업특성상 주일 지키기가 어려워 지금 아르바이트를 하면서 주일을 지킬 수 있는 직장을 찾고 있노라고 카톡! 카톡! 태평양 넘어 문자가 날아옵니다. 그는 이제 그리스도 안에서 자유로운 영혼이 되었습니다.

내 마음대로 살고 싶어요

책상 위에 달랑 종이 한 장 남겨 놓고 집을 나간 아들 녀석 때문에 늘 어머니는 눈물과 기도로 하루해를 넘기곤 합니다. 이 녀석의 장점은 노래를 기가 막히게 잘한다는 것이요, 이 녀석의 단점은 툭 하면 집을 나간다는 것입니다. 중학교 3학년 졸업을 앞두고 친구 다섯 명과 함께 거사를 위해 작당모의를 하더니 어느 날 훌쩍 통기타 어깨에 들쳐 메고 집을 나간 아들은 늘 어미의 근심이었습니다.

영태는 제가 부교역자로 시무하던 교회의 학생입니다. 몇 번 집을 나갈 때마다 잡아 오곤 했는데 이번에는 잡아 오기가 쉽지 않을 것 같습니다. 작당모의를 했던 친구들 가운데 세 명은 거사를 이행했고, 두 명은 실패하여 집에 있다는 첩보를 입수하고 그 아이들을 만나 보았습니다.

"경상도 어디로 간다고 했어요. 서울에 있으면 잡히니까 멀리 간다고요.

길에서 기타 치며 노래 부르면서 돈 번다고 했는데…"

함께 가출하지 못해 아쉬워하는 표정이 역력합니다. 서울에서 김 서방 찾기가 시작되었습니다. 매일 같이 울며 나만 바라보고 있는 어머니를 보며 이번에는 어디 가서 이 녀석을 또 잡아 와야 할지 아득할 뿐입니다. 툭하면 집을 나간 녀석을 잡아 온 것만 해도 여러 번입니다. 그것도 꼭 나한테만 걸려서 말이지요. 그래서 이 어머님은 내가 끝 발 좋은 형사쯤 된다고 생각하고 있습니다. 하루, 이틀…, 열흘이 지나도 행방을 찾을 수가 없습니다. 막말로 '내 마음대로 살고 싶다.'는 고등학교 입학을 앞둔 녀석이 쉽사리 들어올 것 같진 않습니다. 여러 친구들을 만나 보아도 이번에는 오리무중입니다. 이번엔 진짜 제대로 튄 것 같습니다. 그러던 어느 날, 보름이 지나는 한밤중에 전화가 걸려 왔습니다.

"저 영태예요."

그렇게 해서 저는 또 본의 아니게 '영태 잡는 귀신'이라 불리게 되었습니다.

어느 날, 다급한 목소리의 영태 어머니의 전화를 받았습니다.

"우리 영태가 또 학교 안 가고 딴 데로 샜나 봐요. 학교에서 연락이 왔어요. 이번에도 무단결석하면 자른다고요."

마음 잡고 학교 잘 다니는가 했더니 또 일을 쳤나 봅니다. 고등학교 2학년이 되어서 입시 공부에 정신없을 땐데 또 어디로 샜는지 어머니의 한숨 소리에 땅이 내려앉습니다. 축축한 어머니의 목소리엔 체념이 묻어납니다.

"이번에는 지가 하고 싶은 것 하면서 살고 싶다고 하네요."

그날부터 또 '영태잡이' 사역이 시작되었습니다. 착하고, 순하고, 잘 생기고, 노래 잘하고, 부유한 가정에 남부러울 것이 없는 이 녀석의 가장 단점이자 장점인 가출은 시시때때로 이루어졌습니다. 이제 무단결석이 며칠 이어지면 학교에서도 더 이상 봐 줄 수 있는 상황이 아님을 잘 알고 있는 저로서는 어떻게든 하루, 이틀 사이에 이 녀석을 찾아내야 합니다.

"작은 카페에서 기타 치며 라이브로 노래 부르고 있다고 했어요. 아마 이 근처에 있을 거예요."

맛있는 거 얻어먹었다고 살짝 정보를 흘려주는 친구 덕분에 근처에 있는 카페들을 뒤시기 시작했습니다. 압구정동 한복판의 모든 카페들을 일일이 찾아다니며 사장을 만나고 종업원을 만나 녀석의 행방을 찾아보았지만 앞이 보이질 않습니다. 혹시나 해서 그 녀석 학교 앞 압구정 로데오 거리의 모든 카페들도 뒤져 보기로 했습니다. 이곳저곳을 뒤지다가 어스름하게 생긴 지하 카페로 들어서는 순간, 익숙한 노랫소리가 들려옵니다. 조심스레 문을 열고 들어서니 조그마한 카페 라운지 불빛 아래 대여섯 명의 손님 앞에서 통기타 튕기며 노래하고 있는 녀석을 만났습니다.

'저 녀석이 하고 싶은 것이 바로 저것이구나.'

녀석을 생각하니 '지하고 싶은 대로 살라.'고 그냥 내버려 두고 싶은 마음이 생깁니다. 자고로 사람은 '지하고 싶은 대로, 지 마음 끌리는 대로' 살고 싶어 하지 않나요? 어른이나 아이들이나 다 똑같이 말입니다.

몇 해 전, 한국 방문길에 영태네 가족을 만났습니다. 퇴근하고 들어온 영태가 저를 안고는 펄쩍펄쩍 뛰며 좋아라 합니다. 서로 부둥켜안고 한참을 울었습니다. 너무 감사해서, 집 나가지 않고 너무나 잘 살고 있어서요.

오늘도 우리는 내 마음대로, 내가 하고 싶은 대로 살고픈 마음과 하나님 말씀 속에서 갈등합니다. 어떻게 살아가는 것이 옳은지 내 속사람과 치열한 싸움을 합니다.

그래요. 내 마음대로 살고픈 마음, 내가 하고 싶은 대로 하고픈 마음, 내 소견에 옳은 대로 살고픈 마음! 그럼에도 내 안에 하나님이 계시기에 다 내려놓을 수 있음에 감사할 뿐입니다.

· · · ·

함량미달

"오랫동안 기다렸던 아이예요.
임신 7주차인데 이상 출혈이 있어서 집에서 쉬어야 한데요.
며칠 후에 병원에 가서 다시 검사하기로 했어요."

주일에 나오지 않은 성도 집에 전화를 걸었더니 뜻밖의 말을 합니다. 지난 주일 예배 후, 교제 시간에 기다리던 아이를 갖게 되어 너무 감사하다고 말했는데 갑자기 이상 출혈로 쉬어야 한다네요. 함께 기도하기로 하고 전화를 끊었습니다. 그 며칠이 지난 후 전화를 다시 했습니나.

"저 수술했어요. 분명히 입덧도 했고, 배도 나왔는데 임신이 아니래요. 아기집에 아기가 없데요."

"아니 무슨 말이에요? 아기집에 아기가 없다니? 그럼 뭐가 들어 있었는데?"

참, 살다 보니 별소리를 다 듣습니다. 임신을 해서 입덧도 하고, 배도 불룩 나왔었는데 아기집에 아기가 없다니요? 아기집에 아기가 들어 있지 않으면 그 집에 뭐가 들어 있다는 것인지 도통 알 수가 없습니다.

"난자와 정자가 만나서 아기가 생겨야 하는데 저는 난자와 정자가 만나서 자기들끼리 세포분열을 일으켜서 자궁 종양을 만들었데요. 그래서 배가 임신한 것처럼 부른 거구요. 그 종양이 점점 커지면 자궁을 가득 채우고 암으로 발전할 가능성이 있어서 빨리 수술해야 한다고 해서 서둘러서 응급으로 수술을 했어요. 그리고 일주일에 한 번씩 피검사를 해서 경과를 봐야 한데요. 아주 희귀한 병이라고 의사가 말했어요."

"살다 보니 별소리를 다 듣네? 그런 병도 있나? 그럼 병명이 뭐예요?"

"포상기태래요."

참 짧지 않은 세월을 살았는데도 모르게 참 많습니다. 아니 모르는 병도 참 많습니다. 인터넷을 검색하여 찾아보니 정말 '포상기태'라는 병명이 나오더군요. 포상기태란 수정시의 이상으로 생기는 잘못된 임신으로 태반을 구성하는 융모 조직이 마치 생선알것이나 포도알 모양의 낭포조직으로 수종화 되어 자궁 내부를 덮게 되는 종양의 일종. 이때 태아는 초기에 사망하고 소멸되는 것이 보통이다.

한국말은 한국말인데 이해하기가 어려운 한국말입니다. 유식한 사람일수록 쉬운 말을 쓴다는데 별도로 설명을 듣지 않으면 쉽게 이해하기 힘든 말들이 줄줄이 나옵니다. 아시아 여인들에게 많은 질병이라니 이곳 의사의 소견에는 당연히 희귀병이라고 할 수 있겠다 싶더군요. 일주일마다 한 번씩 피검사를 통해 호르몬 수치를 검사하고, 일 년 동안 정기적인 검사와 경과를 보며 치료를 해야 한다는 것이 의사가 그녀에게 내린 처방입니다.

몸보신으로 영양탕을 한 그릇 비우고는 두 돌 갓 지난 딸아이의 손을 잡고 그래도 씩씩하게 걸어가는 그녀에게 함께 기도하기를 약속하며 많은 생각을 하며 집으로 돌아왔습니다.

"난자와 정자가 만나 아기를 만들어야지 무슨 놈의 종양 덩어리를 만든담? 그럼 하나님 말씀과 내가 만나 아름다운 사람을 못 만들면 저 종양 덩어리 암 같은 사람이 되는 거네?"

그동안 얼마나 많은 하나님 말씀이 내 안에 들어와 자리했겠습니까? 그런데 그 말씀이 내 마음에 자리 잡아 아름다운 하나님의 자녀로 잉태되어 잘 자라야 하는 것이 정상일진대 오히려 내 안에 악한 종양과 같이 나를 죽이고 남을 죽이고 우리를 죽이는 행위들이 가득했음을 발견하게 됩니다.

조용히 내 자신을 돌아봅니다. 조용히 나를 하나님의 저울에 달아 봅니다. 조용히 나를 하나님의 다림줄에 재어 봅니다. 나를 재어 보니 꼬라지가 말이 아닙니다. 말씀에 달아 보니 함량미달이요, 다림줄로 재어 보니 말씀에 너무나 많이 빗나가 있습니다.

"메네 메네 데겔 우바르신."

저울에 재어 보니 함량미달이라…. 오늘 따라 이 말씀이 왜 이리 가슴 아프게 저며 오는 것일까요?

함량미달….

딱 세 마디 만이라도

성경공부가 끝난 후 한 집사님이 종이 상자에 들어 있는 새끼 고양이를 이 사람, 저 사람 보여 주면서 예쁜 새끼 고양이를 키울 사람을 찾습니다.

"나는 고양이 눈이 무서워서 싫어!"

"난 고양이 꼬리가 뱀 같아서 징그러워."

"고양이는 옛날부터 요물이라 했잖아."

"예쁘긴 한데 키우긴 부담스럽네."

핑계 없는 무덤 없다더니….

이 소리, 저 소리 들려오는 가운데 예쁜 새끼 고양이는 주인을 찾지 못하고 밀리고 밀려서 저에게까지 왔습니다. 저를 바라보는 고양이 주인의 간절한 눈빛을 차마 거절하지 못하고 상자 안에 들어 있는 새끼 고양이를 예의상 한 번이라도 봐 주자는 생각에 상자를 들추어 보았다가 세상에서 가장 예쁘게 생긴 그 녀석의 눈빛과 딱 마주치고 말았습니다.

저 역시 고양이라면 십 리 밖으로 도망가는 처지라 고양이를 키워 보자는 생각은 애초에 털끝만큼도 없었는데 그 녀석을 보는 순간 '뿅' 하고 눈이 멀어 상자를 안고 집으로 돌아왔습니다. 이렇게 해서 난생처음 고양이와 인연을 맺게 되었습니다.

집에 돌아오자 난리가 났습니다. 그렇잖아도 두 아이가 개든, 고양이든 한 마리 키워 보자고 늘 조르고 있었는데 난데없이 고양이가 덜컥 왔으니 춤을 추며 좋아할 수밖에요.

"태어난 지 두 달 조금 지났고, 이름은 향단이래."

그렇게 향단이와 함께 하기를 십 년이 훌쩍 지난 지금, 새끼를 총 23마리 낳고 엄마에서 이제는 할머니가 되어 할머니 행세를 하면서 살아갑니다. 십 년을 넘게 살아가면서 향단이가 내 말을 알아듣는 것은 딱! 세 마디입니다.

"향단아!"

"밥 먹어!"

"나가!"

"향단아!" 하고 이름을 부르면 기가 막히게 뛰어오고, "밥 먹어!" 하면 자다가도 벌떡 일어나고, "나가!" 하면 벌벌 기며 밖으로 쫓겨 나갑니다. 늘 자신이 사람인냥 집안에서 살아야 한다고 착각하고 살아가는 향단이입니다. 때로는 쥐를 잡아 오고, 때로는 새도 잡아 오고, 때로는 도마뱀을 잡아 오기도 해서 사람을 깜짝 놀라게 하지만 나름 은혜도 아는 녀석입니다.

저도 나름 은혜를 아는 사람이라 자부하는데, 오늘 저에게도 하나님의 음성이 딱! 이 세 마디만이라도 들려 왔으면 참 좋겠습니다.

때로는 "명애야!" 다정히 내 이름을 불러 주시고, 때로는 "밥 먹어라." 넉넉히 늘 먹여 주시고, 때로는 잘못한 것이 있으면 "나가."라고 야단도 쳐 주시면서 참 그리스도인의 모습으로 정신 차려 살아갈 수 있도록 말입니 다.

똑바로 걷고 싶어요

주일 예배 마친 후에 한 성도께서 살짝 저에게 말씀을 해 주십니다.

"그러게요. 맨날 똑바로 걸으라고 일러도 그게 안 되네요."

그렇잖아도 팔자로 걷는 딸아이에게 똑바로 걸으라고 늘 잔소리를 해도 쉽게 고쳐지지가 않던 차였습니다.

"언제부터 제가 이렇게 걷게 된 줄 아세요? 고등학교에 처음 들어갔을 때 엄마가 너무 큰 구두를 사 주셔서 걸을 때마다 벗겨지려고 하니까 안 벗겨지게 하려고 자꾸 발을 벌려 걷다 보니 팔자걸음이 된 거예요."

가만히 생각해 보니 몇 번이나 신발이 크다고 얘기했는데도 이왕 산 것이니까 그냥 신으라고 했던 것이 기억납니다. 언제부터인가 많이 걷고 들어오는 날이면 허리가 아프다느니 무릎이 아프다느니 야단입니다.

“어린 것이 그만큼 걷고 벌써부터 허리가 아프다고 하면 어쩌니?”

타박을 주면서도 은근 걱정이 되어 병원에 가 봐야겠다고 생각했습니다. 그러다가도 괜찮으면 그냥 지나갑니다. 그래도 여전히 걸음걸이는 팔자로 걷습니다.

‘저 걸음걸이를 어떻게 고치나?’

늘 어미의 근심이었지요. 그러던 어느 날, 지인 집을 방문했다가 우연찮게 딸아이가 많이 걷고 들어 온 날이면 허리가 아프고 무릎이 아프다는 이야기를 하게 되었습니다. 그러자 듣고 있던 이가 ‘혹시나 아이가 팔자로 걷는 것은 아니냐?’ 고 묻습니다. 팔자로 걷게 되면 관절이 삐끗하게 부딪히기 때문에 다리나 허리가 아프다는 겁니다. 딸아이가 많이 걷는 날이면 허리와 무릎이 아프다는 이유가 바로, 팔자걸음! 그것 때문이었던 것입니다. 그날로부터 똑바로 걷는 연습을 죽어라 시켰습니다. 처음엔 뒤틀린 관절이 제자리로 돌아오려니 똑바로 걷는 게 힘들다고 합니다. 오히려 더 아프다고 아우성을 칩니다. 그래도 온 가족이 딸아이가 걸을 때마다 잔소리를 합니다.

“똑바로! 똑바로 걸어. 일자! 십일 자로 걸어!”

자연스레 팔자로 걷다가 잔소리에 놀라 똑바로 걷습니다. 그런데 놀랍게도 똑바로 걷는 날엔 아무리 많이 걸어도 아프다는 소리를 하지 않습니다. 이렇게 간단한 걸 모르고 힘들어했던 날이 많았던 것이지요. 그러게요. 이렇게 간단한 것을, 그냥 걸음걸이만 바꾸면 되는데 그냥 똑바로만 걸으면 되는 거였는데….

저는 오늘 이런 찬양의 고백을 주님께 드리고 싶습니다.

똑바로 걷고 싶어요 주님

온전한 몸짓으로

똑바로 걷고 싶어요 주님

기우뚱하긴 싫어요.

너, 천천히 좀 돌래?

"엄마, 무슨 소리가 들리는지 손가락으로 귀를 살짝 눌러 보세요."
"으음, 글쎄. 뭐 돌아가는 소리 같은데…."
"엄마, 그게 바로 지구 돌아가는 소리래요."
"그래? 그러고 보니 정말 그런 것 같기도 하네."

귀를 살짝 눌러 막아 보니 정말 무언가 돌아가는 소리가 들립니다.

"야, 신기하다. 하나님께서는 어떻게 이 귓속에서 지구 돌아가는 소리를 듣게 만드셨을까?"

가만히 귀를 막고 그 소리를 듣고 있노라니 삼손이 마지막 혼신을 다해 돌리는 맷돌 소리 같기도 하고, 순이네 떡 방앗간 기계 돌아가는 소리 같기도 합니다. 집에 들어 온 남편에게 나처럼 귀를 막아 보라고 합니다.

"들리죠? 들려! 지구 돌아가는 소리!"

귀를 막고 있던 손을 떼며 남편이 말합니다.

"그 귀는 참 신기하네. 귓속에 있는 공기의 압력으로 생기는 소리를 지구 돌아가는 소리로 듣다니, 당신 참 놀라워."

귓속에 있는 공기의 압력으로 생기는 소리인지 내 귀가 놀라운 귀인지 모르지만 암튼 저는 그 소리가 지구 돌아가는 소리라 생각하며 가끔 세상의 소리로부터 귀를 막고 하나님께서 돌리시는 지구 돌아가는 소리를 듣곤 합니다. 가만히 귀를 막고 그 소리를 듣고 있노라면 쉴 새 없이 지구를 돌리시는 하나님의 분주하신 무지 큰 손이 눈에 보이는 듯합니다. 때로는 열받아서 지구를 냅다 팽팽 돌리실 만도 한데 하나님은 오늘도 변함없이 인내심을 가지고 같은 속도로 지구를 계속 돌리고 계시니 얼마나 감사하온지요.

요즘도 가끔씩 귀를 막고 지구 돌아가는 소리를 들어 봅니다. 세상의 어떤 많은 소리보다 지구 돌아가는 소리를 들으며 변함없는 하나님의 사랑을 생각해 보고, 지구촌이 아무리 죄악 가운데 있다 할지라도 절대로 팽이처럼 팽팽 돌리지 않으시는 하나님의 그 사랑을 느껴 보려고요.

때로는 귀를 막고 살 필요도 있습니다. 세상의 너무 많은 것들을 듣고 살다 보니 정작 들어야 할 하나님의 음성은 듣지 못하고 살아갈 때가 얼마나 많은 우리네입니까! 오늘도 우리는 하나님이 돌리는 지구보다 더 빨리 내 마음대로 돌고 있는 것은 아닌지요?

하나님이 말씀하십니다.

"얘야, 내가 너무 어지럽구나. 천천히 좀 돌래?"

들통날까 두려워요

"아야! 자다 말고 지금 뭐 하는 거예요?"

곤히 잠들어 있던 저는 날벼락을 맞았습니다. 옆에서 드르렁드르렁 코를 골며 잠을 자던 남편이 갑자기 벌떡 일어나더니 저의 이마를 꽉! 깨뭅니다.

"미안! 미안!"

드르렁 쿨쿨! 드르렁 쿨쿨!

"아닌 밤중에 홍두깨"라더니 아무 일도 없었던 양 그대로 잠자는 남편을 얼얼한 이마를 문지르며 흔들어 깨웠습니다.

"아니 무슨 꿈을 꾸었기에 남의 이마를 물어요?"

남편 말에 어이가 없습니다.

"글쎄, 꿈속에서 커다란 개 한 마리가 나를 물려고 덤비잖아. 그래서 그 개한테 물리기 전에 내가 먼저 그 개를 물었지. 아무튼 미안해."

드르렁 쿨쿨! 드르렁 쿨쿨!

개 쓰다듬듯 내 이마를 쓰다듬으며 다시 코를 골며 잡니다.

"예수의 이름으로 명하노니 물러갈지어다! 예수의 이름으로 명하노니 당장 물러갈지어다!"

어느 날은 또 갑자기 소리를 버럭버럭 지르는 남편을 깨웠습니다.

"여보, 여보! 왜 그래요? 응? 응?"

이번에는 꿈속에서 시커먼 사탄이 갑자기 덤벼들어 '예수 이름으로' 물리치는 중이랍니다. 남편 잠꼬대에 곤한 잠을 깬 적이 한 두 번이 아닙니다. 그래도 감사하고 다행인 것은 옆집 아줌마 이름 안 부르니 얼마나 다행입니까? 어떤 이는 '길자 씨! 말자 씨!' 부르다 쫓겨났다는데…

어느 날, 우리 집사님이 수면 위 내시경을 한다기에 보호자로 따라갔습니다. 무사히 내시경을 마치고 회복실에서 정신없이 코까지 골며 주무시던 우리 집사님이 리셉션의 전화벨이 울리자 벌떡 일어나 귀에 손을 대고 "여보세요!" 하더니 그대로 벌떡 누워 다시 코를 골며 잡니다. '전화 받다 죽은 귀신이 붙었나?' 전설의 고향에 나오는 한 장면 같습니다. 마취가 깬 뒤 우리 집사님은 아무것도 모릅니다. 그래서 저는 잠꼬대를 절대 안 합니다. 내 속사람이 들통날까 두려워서요. 그래서 저는 수면 내시경 하기가 겁이 납니다. 전화통 붙잡고 이웃집 남자 이름 잘못 부를까 봐서요.

주여!

간절히 바라옵기는, 제가 잠꼬대를 하게 되면 영어로 하게 해 주시고, 제가 수면 내시경을 하게 되면 벌떡 일어나 목청껏 통성 기도하게 해 주시고, 더러운 내 속사람 들통나지 않게 날마다 다듬어 주소서! 내 안에 주님 한 분만으로 가득 차게 하소서!

감사하니까 견딜 만해요

영양탕 한 그릇을 거뜬히 비우고 나서 남 이야기하듯 씨익 웃으며 땀을 닦는 젊은 목회자 사모 앞에 갑자기 한없이 작아지는 제 자신을 발견하게 됩니다.

"그런 거 있잖아요. 그냥 감사한 거…."

유방암에 이어 난소암 항암치료를 받으면서도 '그냥 감사하다.'는 그녀에게 무슨 말이 더 필요하겠습니까? 젊은 날에 멋모르고 하나님 앞에 서원을 했습니다.

"하나님, 이 젊은 시절에 좀 빵빵하게 놀다가 서른세 살이 되면 그때부터 주님 위해 살게요."

그녀의 젊은 날은 정말 빵빵했습니다. 서울 유명 호텔의 일본어 통역비서로 근무하면서 내로라하는 사람들 사이에서 누리는 호화로운 세상 것은 그녀를 충분히 하나님으로부터 멀어지게 할 수 있었습니다. 그러다 어느 날, 사랑에 눈 먼 전도사를 만나 졸지에 주의 종의 반열에 서게 되었습니다. 웬 은혜인지, 웬 벼락인지 세상 등지고 십자가만 보게 되었지요.

호화로운 세상 것에 너무나 익숙해 있던 그녀에게는 믿음 좋은 청년들의 모습은 왠지 무엇인가 추레해 보이고 무엇인가 앞뒤가 꽉 막힌 듯한 모습이었습니다. 더군다나 고리타분하고 가난한 전도사가 눈에 찼겠습니까? 그러나 이미 사랑에 눈 먼 전도사에게 같이 눈이 멀어 버리고 콩깍지까지 덮어 씌어 버렸으니 어쩌겠습니까? 그렇게 시작된 십자가의 길은 그녀의 서원대로 서른세 살 되던 해 부모형제 일가친척 다 버리고 먼 이국 땅 이곳까지 와서 오늘까지 십자가만 바라보며 주의 길을 가게 되었습니다. 그럼에도 하나님께서는 암을 통해 그녀에게 원하시는 일이 무엇일까요? 그녀는 말합니다.

"암이 제게 축복이에요. 감사하니까 견딜 만해요."

엄살이 극도로 심하고 아픈 것을 잘 참지 못하는 나는 남들이 아프다고 하면 나는 팔딱팔딱 아프다고 뛰고, 남들이 무지 아프다고 하면 나는 이미 숨이 꼴까닥 넘어가는데 항암치료를 받으면서도 견딜 만하다네요.

'감사하니까 견딜 만해요.' 이 말이 참 좋습니다. 모든 여건과 환경이 제아무리 힘들고 어려워도 '감사하니까 견딜 만해요.' 하나님께서는 이 고백을 듣고 싶어하신 거 아닐까요? 그녀와 우리 모두에게서 말입니다.

이 맛난 것을 왜 못 먹게 하지?

'버려라, 뱉어라.' 아웅거리는 소리에 나와 보니 세 살배기 두 녀석과 그들의 두 엄마가 불고 털고 난리가 났습니다. 아이들이 시끌벅적 놀다가 어느 순간 잠잠해지고 불안한 적막이 흐르면 무엇인가 꼭 사고를 치고 있다는 것쯤은 어른들은 직감으로 척 압니다.

형들 틈에서 좀 놀아 보겠다고 이리저리 쫓아다니던 두 녀석이 어느 순간 잠잠해지더니 고양이 밥그릇 앞에 얌전히 웅크리고 앉아 '형님 먼저, 아우 먼저!' 고양이 밥을 하나하나 사이좋게 주워 먹고 있습니다. 한 손에는 주먹이 터져라 한 움큼씩 쥐어 들고, 입 안 가득 바드득바드득 맛있게도 먹고 있다가 호랑이 같은 엄마에게 딱 걸린 겁니다.

"이것은 과자가 아니라 고양이 밥이야. 고양이 밥! 향단이 밥이라고!"

뒤뜰에 놓여 있는 고양이 밥을 지들 먹으라고 놔둔 간식인 줄 알고 형들 몰래 먹고 있다가 엄마에게 딱 걸렸으니 어린 마음에 얼마나 상심이 컸겠습니까?

몰래 먹는 떡이 맛있다고 형들도 안 먹는 과자를 지들 둘이서만 너도 한 알 먹고, 나도 한 알 먹고, 몰래몰래 먹으니 얼마나 맛있었을까요? 엄마 손에 끌려가면서도 눈길은 여전히 고양이 밥에 꽂혀 있고, 입 속에 남은 고양이 밥은 침까지 흘려가며 꿀꺽 삼켜 버립니다. 끌려가면서도 도무지 이해가 안 갑니다. 이 맛있는 것을 엄마는 왜 못 먹게 하는지….

'이래 봬도 내가 이 땅에 태어난 지 삼 년하고도 반이 지났는데 저게 먹는 것인지, 못 먹는 것인지 그 정도는 알 나이인데 도통 엄마가 하는 저 요리는 뭔지 모르겠단 말이지? 저것을 어떻게 먹으려고 우리 엄마는 지금 열심히 끓이고 있는 것일까?'

엄마가 맛있는 저녁을 준비하는 줄 알고 옆에서 기대하고 있던 유빈이는 수건 같은 것을 자꾸 집었다 넣었다, 엎었다 뒤집었다 하는 엄마의 요리가 무엇인지 알 수가 없습니다. 먹는 것은 무엇이든지 삶거나 굽거나 튀기거나 요리해서 엄마가 늘 주었는데 도대체 저게 뭔지 유빈이는 궁금해서 견딜 수가 없습니다. 그래서 엄마에게 묻습니다.

"엄마! 오늘 저녁에 그거 먹을 거예요? 그것은 어떻게 해서 먹을 건데요?"

"유빈아! 이것은 먹는 게 아니고 행주가 더러워서 물에다 푹 삶아서 소독하고 있는 거야."

엄마 말이 너무 어렵습니다. 이해가 안 갑니다.

"아니 그거, 어떻게 해서 먹을 거냐고요?"

"더러워서 뜨거운 물에다 삶고 있다니까!"

그 후로 유빈이는 아주 잘 씻습니다. 더럽다고 엄마가 자기도 뜨거운 물 속에 넣다 뺐다, 엎었다 뒤집었다 소독할까 겁이 난 게지요.

이렇듯 우리들에게 기쁨과 웃음을 주던 유빈이가 훌쩍 자라 초등학교에 다니고 있는 지금도 놀리곤 합니다.

"이거 맛있는데 한번 먹어 볼래?"

향단이의 밥그릇을 보여 주며 놀려 봅니다.

"에이, 그때는 애기였잖아요?"

맞아요. 그때는 애기였지요. 이제 10살이 되어 훌쩍 커 버린 유빈이는 먹어야 되는 것인지, 먹으면 안 되는 것인지, 왜 엄마가 행주를 펄펄 끓였는지를 분별할 수 있게 자라 버렸습니다. 누가 가르쳐 주지 않아도 세월이 지나면서 고양이 밥은 고양이가 먹어야 한다는 것을 알았고, 더러운 행주는 펄펄 끓여 깨끗하게 소독해서 써야 한다는 것쯤은 알게 된 형아가 되었습니다.

그래요. 고양이 밥은 고양이가 먹고, 행주는 깨끗이 삶아 소독해서 써야 한다는 것쯤은 조금 크면 알게 되는데 수십 년 믿음생활을 했다고 자랑하면서도 왜 그리스도인은 그리스도인답게 살아야 하고, 더러워진 심령은 성령의 뜨거운 불로 깨끗하게 소독해서 쓰임 받아야 한다는 것은 알지 못하는지 참 궁금합니다. 믿음은 햇수가 중요한 것이 아닙니다. 많이 안다고 해서 믿음이 좋은 것만도 아닙니다. 아는 것만큼 행함으로 나타낼 수 있는 것! 그것이 바로 예수 그리스도를 따르는 진정한 믿음의 사람 아닐까요?

38번 째의 기적

"무슨 일 있었니? 얼굴이 왜 그래?"

친구 생일 파티에 갔다 들어온 딸아이가 근심에 가득 찬 얼굴로 풀이 다 죽어 있습니다.

"엄마, 갤럭시 노트를 잃어 버렸어요."

순간 할 말이 턱 막힙니다. 그도 그럴 것이 2년 약정으로 며칠 전에 받은 새 갤럭시 노트를 나는 한 번도 써 보지 못하고 헌 것은 내가 갖고 새 것은 딸아이에게 주었는데 그것을 잃어 버렸다니 말문이 막힐 수밖에요. 그래도 마음을 가다듬어 아이를 안고 등을 토닥토닥 두드려 주며 말을 합니다.

"괜찮아, 괜찮아. 너보다 더 갖고 싶은 아이가 있었나 봐. 그 아이가 주웠다 생각하렴."

말은 그렇게 하지만 속은 무지 쓰립니다. 눈물을 글썽이며 뒤돌아서는 아이에게 믿음으로 선포합니다.

"하나님께 기도해! 그러면 분명 찾을 수 있을 거야!"

그때부터 수시로 잃어버린 핸드폰으로 전화를 해대기 시작합니다. 한참 벨이 울린 후 음성메시지로 돌아가는 것을 보니 누가 주워서 가지고 있기보다는 어딘가 떨어져 있다는 생각이 듭니다. 아이 방을 지나다 보면 고개를 푹 숙이고 있는 것을 보니 자기 나름대로 애타게 기도하는가 봅니다. 잘되었다 싶습니다. 어려움을 당해 기도하게 되고 그 기도가 어떻게 응답되는지 체험할 수 있는 좋은 기회라 싶습니다. 이틀이 지났습니다. 계속 전화를 해 보니 여전히 음성 메시지가 들립니다. 분명 어딘가 떨어져 있다는 확신이 또 듭니다. 그리고 왠지 모르게 찾을 수 있다는 기분 좋은 예감이 듭니다.

그러면서도 배터리가 나가면 끝이라는 생각도 듭니다. 나흘째 되는 날 아침, 포기하지 않고 또 벨을 울려 봅니다. 벨이 울리는 것을 보니 아직 배터리가 남아 있는가 봅니다. 그런데 놀랍게도 전화를 끊자마자 바로 전화가 왔습니다.

"갤럭시 노트 내가 주웠어요."

백인 청년이 화상을 입어 버스를 타고 병원 가는 길에 어디선가 '지이잉' 진동으로 울리는 소리를 듣게 되었답니다. 의자 주위를 둘러보니 버스 의자 틈 사이에 핸드폰이 끼어 있었다는군요. 그렇게 갤럭시 노트는 3박 4일 만에 주인에게 돌아왔습니다. 포기하지 않고 마지막까지 울린 전화 횟수가 무려 38번! 마지막 38번째 벨 소리가 그의 귀에 들린 것이지요. 37번째에서 포기했다면 갤럭시 노트는 물 건너갔을 겁니다.

혹시 오늘 37번째에서 포기하려는 무엇인가가 있으신가요? 37번째에서 낙심되어 주저앉고 싶은 좌절된 마음이 있으신가요? 한번만 더 울려 보세요! 마지막 한 번만 더 울려 보세요! 부탁이에요, 한 번만 더…. 분명 하나님께서 들으실 겁니다.

삼풍백화점이 무너지던 날

교회에서 막 돌아와 현관문을 들어서는데 요란하게 전화벨이 울려서 받아보니 금방 인사하고 헤어진 사무 집사님입니다. 숨넘어가는 소리가 예사롭지 않습니다.

"어머! 어머! 세상에 이럴 수가…"

전쟁터를 방불케 하는 먼지 속을 헤집고 나오는 사람들과 수십 대의 구급차로 가득 찬 화면은 삼풍백화점이 무너졌다는 긴급 뉴스였습니다.

"빨리 교인들과 교회 청년들 연락해 보시래요."

'어머!' 소리만 외치고 있는 저에게 다급한 집사님의 소리가 아득하게 들려옵니다.

교회가 삼풍백화점 근처에 있어서 많은 교인들이 이 백화점을 이용하고 있기에 비상이 걸렸습니다. 교역자들이 긴급으로 교회에 모여 비상연락을 취합니다. 교인들도 속속 교회로 몰려오고 대형 티브이를 곳곳에 설치해 놓고 긴급으로 들어오는 속보에 숨을 죽입니다. 서너 시간 후에야 수백 명의 교인들 거처가 모두 확인되었습니다. 진땀이 흐르고 맥이 풀리고 다리가 후들거립니다.

그때, 다급한 전화 한 통이 걸려옵니다.

"오 집사님 둘째 딸이 그 시간에 백화점에 들어갔는데 아직까지 집에 안 왔답니다. 임신 6개월인데…"

남편을 따라 홍콩주재원으로 나가 있던 둘째 딸이 엄마가 보고 싶다며 얼마 선에 친정집에 와 있었는데 그 딸이 소식이 끊겼다는 비보였습니다. 딸 다섯을 힘겹게 키우신 홀어머니 보고 싶어 왔다가 결국 삼일 만에 백화점 지하 주차장에서 싸늘한 주검으로 발견되어 그렇게 그리워하던 어머니 곁으로 왔습니다. 화장장에서 마지막 떠나보내는 딸의 관을 붙들고 통곡하시던 어머니의 그 모습이 아직도 눈에 선하고 가슴 저리게 서럽습니다.

이십 년이 지난 지금, 지구촌 곳곳에서 여전히 통곡소리가 들려옵니다. 지진과 홍수와 쓰나미와 기근과 테러로 자식을 앞세운 부모들의 애끓는 설움이, 부모를 잃고 미래를 잃은 아이들의 애절한 슬픔이… 추적추적 내리는 빗길 따라 끝없이 밀려오는 먹구름 사이로 이 세대를 향해 다급한 주님의 음성이 들려옵니다.

"어머! 어머! 뭘 하니? 빨리 영적 쓰나미 대비하지 않고?"

"어머! 어머! 뭘 봐? 무너진 세상 수축하지 않고?"

삼풍이 무너진 날의 다급한 음성이 지금도 메아리 쳐 오는 듯합니다.

나보고 껌 씹으라구요?

"이 껌을 지금 나보고 다 씹으라고요? 이 두 통을 다?"
"그래요. 두 통 다 씹다가 단물 빠지면 나에게 줘요."
"그래도 그렇지. 어떻게 두 통을 한꺼번에 다 씹어요?"

아무리 내가 소싯적에 껌을 좀 씹었기로서니 껌 두 통을 한꺼번에 다
씹으라니 어이가 없습니다.

'이 남자는 도대체 내 입이 하마 입인 줄 아나?'

상황이 상황인지라 어쩔 수 없이 껌 두 통을 다 까서 궁시렁거리며 우
적우적 씹어 대니 입이 얼얼합니다.

"단물 다 빠졌으면 나에게 주고 이거 한 통 더 씹어요."

"한 통 더 씹으라고요? 그러지 말고 사람을 불러요."

서울 시내 한복판 사거리에서 차 앞에서 갑자기 연기를 퐁퐁 날리더니

덜덜거리며 서 버리고 말았습니다. 비가 쏟아지는 한밤중에 당하는 일이라 대책이 없습니다. 데이트 나온 길에 차가 섰으니 남자 체면이 무색합니다. 당황한 이 남자 어디론가 잽싸게 사라지더니 한 주먹 가득 껌을 사 들고 와서 한다는 말이 나보고 껌 좀 씹으라는 겁니다. 터진 라디에이터에 껌을 붙여 막아야 한다는 것이지요. 그러는 남자나, 그렇다고 오밤중에 비 철철 맞으며 껌 씹는 여자나 똑같습니다. 우걱우걱 껌을 씹어 건네주니 단물 빠진 껌을 뭉쳐서 뜨거운 라디에이터에 붙입니다. 껌이 녹아 흘러내립니다. 어쩔 수 없이 또 껌을 우적우적 씹어 댑니다. 빗물인지 땀인지 온몸으로 수고한 끝에 터진 곳 겨우 때워서는 가까운 카센터에 맡겼습니다.

아니 차가 문제 있어 길에 서 버리면 당연히 사람을 부르든지 카센터를 찾든지 해야지 함께 데이트하는 아가씨에게 비 오는 오밤중에 껌을 씹으라는 것이 말이 된다고 생각하십니까? 그것도 서너 통씩이나? 그 남자 꼼수에 넘어가 지금 같이 잘 살고 있습니다.

문제가 있으면 당연히 전문가에게 상의를 하고, 전문가의 도움을 받고 전문가의 지시를 따르면 될 것을 죽어라 고생한 다음에 가서야 맨 마지막에 전문가에게 의뢰를 하니 마음고생, 돈 고생, 사람 고생, 시간 낭비 아닙니까?

문제가 있으신가요? 어려운 일이 있으세요? 늦기 전에 얼른 만능 전문가이신 하나님께 가 보세요. 틀림없이 싹 고쳐 주실 겁니다. 혼자 너무 고생하지 마세요.

제발 뻥! 치지 마라

어린 시절, 골목을 놀이터 삼아 동네 아이들 모여 놀라치면 골목 한 귀퉁이에 늘 자리 잡고 있는 뻥튀기 아저씨의 우렁찬 목소리가 간간히 들려옵니다.

시커먼 뻥튀기 기계 가득 압력이 차오르면 압력을 빼기 전 기계 주둥이에 긴 자루를 뒤집어씌우고 총소리만큼이나 큰 '뻥' 소리에 놀라지들 말라고 사람들을 배려하는 아저씨의 착한 소리입니다.

"뻥이요, 뻥!"

아저씨의 소리가 들리고 이삼 초 후면 영락없이 '뻥' 소리와 함께 구수한 냄새가 온 동네 가득합니다. 귀를 막고 웅크리고 있던 아이들은 재빠르게 우르르 뻥튀기 아저씨에게 달려가고, 눈꽃같이 하얀 뻥튀기가 온 동네

활짝 피어납니다. 마음씨 좋은 아저씨가 아이들에게 막 튀긴 뻥튀기 한 줌씩을 더금더금 쥐어 주면, 아이들은 신나라 하며 흩어집니다. 그런데 나는 그 맛난 뻥튀기를 거의 먹어 본 적이 없습니다. 유독 겁이 많던 나는 '뻥이요' 소리를 들으면 두 귀를 막고 십 리 밖이나 골목길을 벗어나 도망을 갑니다. 뻥! 소리가 난 후, 도망갔던 십 리 길을 다시 헐떡이고 돌아와 보면 이미 게임은 끝나버린 상태인 거지요.

"저도 좀 주세요."

차마 이 말을 못하고 쭈뼛거리다 그냥 집으로 갑니다. 그 뻥 소리는 어린 시절 나에겐 공포의 소리였습니다.

그런데 얼마 전 그리도 무서워하던 뻥 소리를 주일학교 아이들 속에서 들었습니다.

"이거 너 줄까?"

"그래, 나 줘!"

"으하하하! 뻥이야, 뻥!"

"이거 내가 해 줄까? 크하하하하! 뻥이야, 뻥!! 내가 뻥친거야."

"야, 너는 왜 자꾸 뻥치고 그래? 뻥치지 마! 응?"

이이들이 티격태격하는 모습 속에서 날마다 하나님 앞에서 '뻥' 치는 제 자신을 보았습니다. 말하면서 뻥치고, 기도하면서 뻥치고, 설교하먼서 뻥치고….

"하나님, 죄송해요. 다음부턴 안 그럴게요. 이것은 뻥이 아니에요. 믿어 주세요."

수없이 외쳐 보건만 오늘도 여전히 뻥치며 살아갑니다. 하지만 자신 있게 말씀드릴 수 있는 것은 나의 이 '뻥!'은 그냥 '뻥!'이 아니라 '믿음'이라는 겁니다. 세상이 알 수 없는 '믿음!' 체험해 본 자만이 아는 그 '믿음!' 말씀대로 살면 '믿음'이요, 내 마음대로 살면 '뻥'입니다.

"하나님! 제발 뻥! 치며 살지 않게 해 주세요."

오늘도 간절히 빌어 봅니다.

우리 엄마는

신문 마감을 하던 어느 날, 점심으로 떡국과 만두를 넣고 떡만두국을 끓였습니다. 만두와 떡국이 퍼지지 않도록 내 나름대로 맛있게 잘 끓였습니다. 그런데 이 먹음직스런 떡만두국을 한 수저 떠먹던 우리 편집장 왈, 이것은 떡국이 아니라고 합니다. 진정한 떡국은 이보다 세 배는 더 불어 터져야 한다는 거지요. 아니 퉁퉁 불어터진 떡국이 무슨 맛이 있겠습니까? 틀니를 했나? 그것도 아닙니다.

그녀의 어머니는 전도사님이셨습니다. 심방 갔던 집에서 점심으로 맛있게 떡국을 끓여 주고는

"아이고, 전도사님! 아이들도 한 그릇 갖다 주이소."

사랑으로 애써 싸 주는 떡국 한 그릇을 거절 못해 받아 들고는 하루 종

일 이 집 저 집 다니며 심방을 하다가 저녁때서야 집에 돌아오면 떡국은
세 배로 퉁퉁 불어 있고, 어린 편집장은 그 불어 터진 떡국을 저녁으로 맛
있게 먹었답니다. 편집장은 진정한 떡국이란 이렇게 퉁퉁 불어 터진 것이
라 여기며 지금까지 퉁퉁 불어 터진 떡국만 좋아하며 살아왔다고 하네요.

나의 어머니도 그러셨습니다. 아침에 심방 가방 들고 나가면 하루 종일
심방하고는 저녁때나 되어서야 슬그머니 집에 들어오십니다. 집에 그냥
계시면 아프고, 심방 다니면 기운 펄펄 나고 집에서 내놓은 아내이며, 어
머니셨습니다. 늘 심방 가방 들고 교회로 출퇴근하시던 어머니, 내가 아프
면 "곧 나을 거야." 하시면서 남이 아프다고 하면 금식 기도에 철야 기도
까지 하시던 어머니, 나의 어머니는 용한 무당도 전도하여 권사를 만들어
놓으신 전천후 전도왕이셨습니다.

이렇듯 하나님께 빼앗긴 어머니 밑에서 자란 두 여인은 엄마 얘기가 나
오면 할 말이 너무나 많습니다. 어릴 적에는 그런 엄마가 이해가 안 되었
는데 아이들을 키우다 보니 어느새 내가 똑같은 엄마가 되어 똑같이 살고
있습니다. 비록 하나님께 빼앗긴 우리의 어머니였지만 늘 눈물로 기도해
주시던 그 기도 덕분에 오늘 우리가 있음에 감사할 뿐입니다. 오늘따라 우
리 엄마가 무지 보고 싶습니다.

121
믿습니까,
여보!

두려워 말라 별것 아니다

컴퓨터를 켜면 맨 먼저 메인 화면에 뜨는 말입니다.

'컴퓨터는 별것 아니다. 두려워 말라.'는 것인지, '사람은 별것 아니다. 두려워 말라.'는 것인지 알 순 없지만 그 글을 읽는 순간 걱정하고 염려했던 모든 것들이 갑자기 별것 아닌 것처럼 느껴지곤 합니다.

이 세상에서 별것 아닌 게 뭐 있겠습니까마는 제가 가장 싫어하고 무서운 것은 바로 별것 아닌 주사입니다. 빈혈 때문에 피 검사를 하러 병원에 가면 간호사들이 피를 뽑으려고 팔뚝을 묶고 알코올로 닦고는 주사기를 팔뚝에 갖다 대는 순간 잘 보이던 핏줄이 순식간에 어디론가 숨어 버려 찾을 수가 없습니다. 금세 콧등에 땀이 송글송글 맺히고 간호사는 핏줄 찾느라 애를 쓰다 조심스레 찔러 보지만 영락없이 두세 번은 꽝을 칩니다. 그래서 늘 팔뚝을 내밀기 전에 나에게 수없이 속삭입니다.

"두려워 말라. 별것 아니다. 그래 봤자 바늘이다. 두려워 말라. 별것 아니다. 한방이면 끝난다."

그런데 한방에 안 끝나니까 늘 두렵고 무섭습니다. 이렇게 주사바늘이 무섭고 싫으니까 전 바늘이 싫습니다. 그래서 바느질을 잘 안 합니다. 떨어진 단추나 구멍 난 양말은 늘 남편이 꿰맵니다. 아이들도 떨어진 단추가 있으면 아빠에게 가지고 갑니다. 별것도 아닌 주사바늘을 가지고 삐질삐질 땀을 흘리고 주부가 해야 할 바느질도 제대로 못하는 좀 덜 떨어진 나약한 저 같지만 그래도 웬만한 일은 눈 하나 까닥하지 않는 깡다구 있는 장 여인이기도 합니다.

어떠한 어려움과 힘든 일이 있어도 '다 그러려니, 별것 아니네.' 생각합니다. 그러고 나면 정말 모든 것이 별것 아니더라고요. 왜냐하면 그것은 바로! 내 안에 '만군의 여호와 하나님'의 이름이 있기 때문입니다.

무슨 문제든, 무슨 일이든, 어떠한 어려움이든

"만군의 여호와의 이름으로 네게 가노라."

한번 힘껏 외쳐 보십시오. 그러면 모든 것이 정말 별것 아닐 겁니다. 그래서 오늘도 힘내어 잘 살아갈 수 있습니다.

명색이 내가 이래 뵈도

어느 날, 갑자기 찾아온 좋은 기회를 훌쩍 날려 보낸 갓 결혼한 새신랑이 아무렇지 않게 대답을 합니다. 연봉도 훨씬 더 많이 받을 수 있고, 지위도 껑충 뛰어 더 높은 자리에 앉을 수도 있었습니다. 인터뷰를 했습니다. 많은 경험과 뛰어난 실력, 유창한 영어 등 어느 것 하나 빠지지 않는 그를 보고 매니저도 흔쾌히 기뻐하며 함께 일하기를 원했습니다. 그도 기뻤습니다. 집과 직장이 멀어 출퇴근하기도 힘들던 차에 보다 좋은 조건과 한 단계 승진하여 갈 수 있다는 것이 그에게는 아주 좋은 기회였지요. 아내에게 남자로서 체면도 살릴 수 있는 멋진 기회입니다.

그런데

"일요일에 나와서 일할 수 있지요?"

매니저의 이 한마디에 일순간 아득했습니다.

'지금 나보고 주일에 나와서 일을 하라고? 명색이 내가 이래 뵈도 주의 일꾼이여! 나 말이여, 우리 교회 찬양 팀의 기타리스트에 싱어란 말이여. 알아?'

"안 되는데요, 주일에는 교회에 가야 합니다."

그의 꿈은 이미 벌써 물 건너가고 말았습니다. 아쉬워하던 매니저가 슬쩍 말을 건넵니다.

"다시 한 번 생각해 봐. 일당도 2배야. 우린 일요일에 일할 사람이 필요한데…"

그냥 돌아서 나왔습니다. 두둑한 돈봉투도 생각나고, 폼나는 자리도 생각나고, 힘이 들어간 어깨도 생각나지만 그냥 미련 없이 훌훌 털어 버렸습니다. 왜 아쉬움이 없겠습니까? 왜 미련이 없겠습니까? 하지만 그냥 좀 힘들어도 다니던 곳에 계속 다니기로 했습니다. 아침에 조금만 더 일찍 일어나기로 했습니다. 외식 한 번 더 줄이고 그냥 이렇게 살기로 했습니다. 주일에 기쁨으로 신나게 기타 튕기며 목청껏 소리 높여 찬양하며 신나게 살기로 했습니다. 그의 아내는 말합니다.

"잘했군, 잘했어! 정말 잘했어! 그러기에 우리 서방님이라지!!"

여필종부라 그의 아내는 그런 남편을 대견해하며 찬양하는 신랑을 넋 놓아 쳐다보면서 오늘도 침 흘리며 찬양의 은혜를 흠뻑 받고 있습니다. 수여, 저들을 축복하소서!

때로는 주먹이 울 때가 많이 있습니다

밤새도록 눈 비비며 그려간 그림 숙제를 보고 "네가 그린 것이 아니고 베낀 거지?"라며 믿어 주지 않는 선생님이 야속했는지 칼리지에 다니는 아들이 엄마에게 하는 푸념입니다. 자정이 넘도록 그림 숙제하는 아들이 안쓰러워 곁에서 성경을 읽어 가며 새벽 3시가 넘도록 함께 있어 주었는데 그 그림을 복사한 것이라니요? 속상해 하며 잠 못 이루는 아들을 보노라니 우리 집사님의 마음은 영 편치가 않습니다.

유학 온 아들 둘을 따라 남편까지 한국에 남겨 두고 낯선 이국땅에 정착한지 해가 거듭했지만 언어와 문화와 삶의 방식이 다름을 인정하면서도 아이들이 당하는 차별은 익숙하지 않습니다.

늦은 밤, 전화를 받은 나는 열부터 납니다. 내일 아침 학교에 찾아가기로 그 아이와 약속했습니다. 다음 날 아침, 버벅대는 영어지만 진실은 밝

혀져야 하기에 당당하게 그의 앞에 섰습니다.

"이분이 성중이 엄마예요. 분명 이 그림은 성중이가 그린 것이 맞아요. 성중이 엄마가 어제 함께 밤을 새웠거든요. 그의 증인입니다."

그 선생의 사과를 받고 돌아섰지만 영 찜찜합니다. 아시아인이라고 무시를 하는 것인지 아니면 너무 잘 그려서 기를 죽이려는 것인지, 지 성격 꼬라지가 그런 것인지 알 순 없지만 당당하게 인정받고 정당하게 대우를 받아야 하는 우리의 아이들이 이유 없이 당하는 차별은 늘 화나게 합니다.

"로마에 가면 로마의 법을 따라야 한다."고 하지만 때로는 주먹이 울 때가 많이 있습니다.

"오, 주여 우리가 무엇을 하오리이까? 말 못하는 우리의 심정을 헤아려 주소서. 촛불을 밝히리이까 침묵으로 땅을 밟으리이까?"

이단 옆차기로 날려 버리기 전에

"아저씨! 지금 뭐 하시는 거예요?"
"보면 몰라요? 거리 정화하는 중이잖아요."
"거리 정화도 좋지만 하루 벌어 하루 먹고 사는 사람들은
어떻게 하라고요? 대책 있어요?"
"그럼 나보고 어쩌라고요?"

　나이 어린 전경이 길거리에 펼쳐 놓은 연세든 할머니의 좌판을 발로 툭
툭 차며 빨리 치우라고 성화입니다. 팔십 년대에 들어서면서 '사회정화'니
'거리정화'니 하면서 길거리의 노점상들을 집중 단속하던 중에 새파란 젊
은 것이 연로하신 할머니의 좌판을 발로 차다 저에게 딱! 걸렸습니다. 절
대 그냥 지나칠 제가 아니지요.
　"당장 할머니께 사과드리고, 물건 제자리에 올려놓으세요."
　"아가씨가 뭔데 그래요? 지금 거리 정화 중이라고 했잖아요?"

"거리 정화 좋아하시네. 그럼 하루 벌어 하루 먹고사는 이 할머니는 어떻게 하고요? 아저씨가 먹여 살릴 거예요?"

갑자기 나타난 '정의의 천사' 때문에 주섬주섬 짐을 싸던 서너 명의 노점상인들이 전경과 맞서며 큰소리치는 저를 보고 대단한 '빽'을 가진 아가씨인가 보다 생각이 드나 봅니다. 저의 빽이라고는 위에 계신 우리 아버지밖에 없는데 말입니다. 결국 착하디 착하게 생긴 젊은 전경이 할머니께 사과드리고 흩어진 할머니의 물건을 제자리에 올려놓은 것을 본 후에 저도 그 전경에게 '미안하다.'고 사과를 했습니다.

"색시! 고마우이"

떨고 있는 할머니의 가냘픈 목소리에 괜스레 눈시울이 붉어집니다. 상추 한 움큼, 깻잎 서너 묶음, 가지 대여섯 개! 텃밭에 고이 키운 것을 따 오신 듯합니다. 그것 팔아 하루 먹고 사시려고 말입니다. 몽땅 사 보았자 이삼천 원입니다. 할머니의 좌판 채소들을 몽땅 사서는 괜히 저에게 욕먹은 죄 없는 전경에게 쥐어 주며 윙크를 살짝 날려 주었습니다.

얼마 전, '지하철 막말남' 동영상을 보며 열 받아 죽는 줄 알았습니다.

"으, 열 받아. 저런 놈은 이단 옆차 기로 날려 버려야 하는데…."

아무리 막가는 세상이라 하지만 새파란 젊은 것이 연로하신 어르신께 막말이 아니라 심한 욕설까지 해 대는 모습을 보니 속이 끓어 오릅니다.

"저런 놈은 개도 안 물어가요, 개도 안 물어가!"

그 동영상만 생각하면 지금도 심하게 열 받습니다. 그런데 나보다 더 열 받는 한 분이 계시는데 바로 위에 계시는 우리 아버지입니다. 찬스는 이때다 싶어 울 아버지 또 한 말씀 하십니다.

"그래, 너는 지금 지하철 막말 놈 때문에 열 받냐? 나도 너 때문에 열 받을 때 많거든? 이단 옆차기로 날려 버리기 전에 너도 퍼뜩 정신 차려라. 잉?"

깊은 수렁에서 건지시는 은혜

한적한 시간에 마켓을 찾았다가 엄마 따라 마실 나온 새끼 오리 네 마리를 만났습니다. 우왕좌왕하는 오리 가족을 피해 조심스레 주차를 했습니다. 그런데 주차하고 나와 보니 감쪽같이 한 마리가 보이질 않습니다.

"어어! 한 마리가 어딜 갔지? 차에 치었나? 이상하네."

차 밑을 들여다보고 아무리 뒤져 보아도 한 마리가 보이지 않습니다. 엄마 오리는 꽥꽥거리고 남은 새끼들은 삑삑거립니다. 혹시나 내 차에 치인 것은 아닌지 발길이 떨어지질 않습니다. 엄마 오리 역시 제 갈 길을 가지 못하고 우왕좌왕합니다. 엄마 오리를 보니 도저히 그냥 갈 수가 없습니다. 잃어버린 새끼를 찾아 엄마 오리는 하수구 철판 위에서 더 꽥꽥거립니다.

그런데 엄마 오리가 꽥꽥거리며 올라선 하수구 철판 밑을 내려다보니 잃어버린 새끼 오리가 깊은 웅덩이에 떨어져 울고 있네요. 급히 엄마 따라

가다가 하수구 철판 틈새로 빠져 버린 것입니다. 하수구 뚜껑을 열려 하니 커다란 쇳덩이가 꼼짝도 않습니다. 지나던 덩치 큰 백인 여인네가 합세하여 힘을 모으고 만삭된 중국 여인네가 알 수 없는 말로 훈수를 둡니다. 백인 여인과 함께 들어 올린 쇳덩이 밑 깊은 웅덩이 속에 까만 기름때를 뒤집어 쓴 새끼 오리가 목 놓아 울고 있습니다.

손을 뻗어 잡으려 하니 손이 닿질 않아 땅바닥에 넙죽 엎드려 손을 한껏 뻗어 봅니다. 얼마나 깊은지 그래도 모자랍니다. 머리통이 들어가고 몸통도 절반 들어가자 겨우 손이 닿습니다. 몇 번의 헛 손사래를 친 다음에서야 겨우 잡아내었습니다. 모인 여인네들의 박수 속에 오리 가족의 상봉은 이루어지고 모였던 여인네들은 각기 제 갈 길로 훠이훠이 돌아간 뒤 시꺼먼 기름때 묻은 손을 들여다보니 마음이 따뜻해집니다.

"야, 이런 새끼 오리 하나 구해 주어도 이렇게 마음이 기쁜데 한 영혼이 구원받을 때 우리 아버지는 얼마나 기쁘실까?"

새벽마다 어김없이 깨우시는 아버지 앞에 무릎을 꿇었습니다. 그런데 갑자기 새끼 오리를 건져 올리던 광경이 눈에 훤히 보입니다. 커다란 손이 시커먼 기름때 속의 새끼 오리를 건져 올리는데 그 큰 손에 올려진 새끼 오리가 다름 아닌 바로 '저'였습니다. 깊은 웅덩이와 수렁에서 나를 건져 올리시는 하나님의 큰 손….

저만 깊은 웅덩이와 수렁에 처박혀 있다 생각했지요. 사람도 하나님도 외면해 버린 깊은 수렁에 빠진 미운 오리 새끼! 하지만 하나님께서는 그렇게 생각하고 있던 저를 새끼 오리 사건을 통해 건지시는 은혜를 깨닫게 해 주셨습니다. 미운 오리 새끼가 아닌 사랑받는 하나님의 자녀라는 것을….

곰, 새우 반 토막에 당하다!

가까운 카페에 차 한 잔 마시러 나갔다가 차 한 잔에 곁들여 맛깔스럽게 나온 감자튀김과 새우 한 마리! 딱 한 마리인 새우를 혼자 먹은 것도 아니라 콩알 반쪽도 나누어 먹는 우리 한민족의 얼을 살려 반 토막은 남편이 먹고 반 토막은 신문사 디자인 실장과 "더 먹어라. 말아라." 실랑이를 하며 나누어 먹었습니다. 모자라는 음식이 남는다고 그런대로 풍족히 잘 먹었지요.

그런데 그 새우 반 토막이 남편을 응급실로 실려 가게 할 줄이야 누가 알았겠습니까? 새우 한 마리를 셋이 나누어 먹고 이삼십 분이 지나자 갑자기 손바닥이 가렵다고 하면서 눈이 충혈되고 얼굴이 벌겋게 부어오르고 온 몸에 두드러기가 나기 시작합니다.

얼음 팩을 해 보고 찬물로도 씻어 보았지만 대책 없이 부어오르는 눈두

덩이와 얼굴은 금세 내 남편이 아닌 낯선 사람으로 만들어 버렸습니다. 점점 심해지는 남편을 태우고 응급실로 달렸습니다. 병원에서도 상태가 심상치 않은 지 바로 병실로 데려가서는 링거를 꽂고 서너 가지 약을 주입합니다. 함께 나누어 먹은 여인네들은 멀쩡한데 곰만 한 남자가 새우 반 토막에 당해 응급실행이라니요. 걱정스럽기도 하면서 웃음이 실실 나옵니다.

링거를 꽂고 누워 있는 모습이 어이없어 휴대폰으로 냅다 사진을 찍었습니다. 때마침 우리 집사님으로부터 문자가 왔습니다. 저도 답신 문자를 사진과 함께 보냈습니다.

"곰, 새우 반 토막에 당하다!"

맞아요. 사람은 큰 것에 당하고 사는 것이 아니라 늘 이렇게 작은 것, 아주 사소한 것에 당하고 삽니다. 사소한 것 때문에 싸우고, 작은 일 때문에 등 돌리고, 작은 것 때문에 갈라서는 일들이 다반사인 우리네 인생 아닙니까? 작은 것은 그냥 눈감아 주고 지나가도 좋으련만 그게 마음대로 안 되나 봅니다. 그래서 고달픈 인생살이인 거지요. 작은 것은 그냥 작은 것으로 생각하고 지나가면 참 좋은 세상이 될 것 같은데 말입니다.

내가 날라리라고?

그녀와의 첫 만남은 이렇게 시작되었습니다. 뉴질랜드에 도착한지 딱 3주가 지난 어느 토요일! 내 앞으로 지나가는 여인을 본 순간 여고 동창의 옛 모습이 스쳐 지나갑니다. 여고를 졸업하고 이역만리 이곳에서 우연찮게 여고 동창을 만나게 되었던 것입니다. 집도 서로 걸어갈 만한 거리입니다.

"우리는 온 지 3년 되었어."

3년과 3주의 차이는 하늘과 땅입니다. 더군다나 교회 집사라니 얼마나 반가운지요. 그런데 시간이 지나면서 가만히 보니 무늬만 집사지 완전 날라리입니다.

"야, 목사님 언제 연설하러 가시냐?"

설교를 '연설'이라 하는 집사를 나는 '날라리집사'라고 놀립니다. 그런 데 그것이 진짜 날라리여서가 아니라 그녀만의 독특한 말의 취향임을 뒤 늦게 알게 되었습니다. '킹콩'을 말하면 '홍콩'이라 하고, '해리 포터'를 말 하면 '헬리콥터'라 하고, 이른 아침에 전화해서 '굿 아프터 누운' 하는….

그러던 어느 날, 이 친구가 죽을병에 걸렸습니다. 초음파에 나타난 혹을 보며 의사가 진단을 내렸습니다.

"갑상선 암입니다."

그날부터 죽을 준비를 하며 이대로 죽을 수 없어 만나는 사람마다 전도 하기 시작했습니다.

"저는 암으로 금방 죽을 인생입니다. 저처럼 후회 말고 예수 믿으세요!"

죽을병에 걸린 사람이 침을 튀겨가며 전도를 하니 듣는 사람들이 다 감 동되어 그 말을 듣고 예수님을 믿게 되었고, 목숨 걸고 전도하는 이 친구 를 하나님은 만나 주셨습니다. 조직검사 결과를 기다리던 숨 가쁜 일주일 이 지나갔습니다. 그리고 의사 앞에 다시 섰습니다.

"오진이었어요. 간단하게 수술하면 됩니다. 물혹이에요."

하나님께서는 의사의 오진을 통해 이 친구를 완전히 뒤집어 놓으신 겁 니다. 그날부터 날라리집사가 할렐루야 아줌마가 되었습니다. 지금은 권 사가 되어 얼마나 교회를 열심히 잘 섬기는지 모릅니다. 사람은 자고로 하 나님을 만나야 뒤집어져서 하나님의 사람이 되나 봅니다. 우리도 한번 이 렇게 뒤집어져 봅시다.

김 구이 장인을 아시나요?

기계에 김을 구워 낸 듯, 기계로 자른 듯, 반듯하게 구워 낸 김이 어찌 그리 맛있고 보기 좋은지 가히 음식의 달인답습니다. 은퇴하고 노후를 김처럼 아주 맛깔스럽게 살아가시는 목사님 내외분께서 구워 온 김을 먹으며 감탄을 합니다.

"냉동고에 김이 좀 있는데 드릴게요. 구워 드세요."

냉동고 깊숙이 박혀 있던 김을 찾아 드리려고 보니, 유통기간이 너무나 많이 지나 버렸습니다.

"에고, 유통기간이 너무 지나서 버려야겠어요. 멀쩡하긴 한데…."

"얼마나 지났는데요? 좀 지난 것은 괜찮아요."

"근데 그게 10년이나 지났는데요."

십 년이나 지난 김이 주인의 박대 속에 밀리고 밀려 냉동고에 처 박혀 있다가 십 년 후에야 빛을 보게 되었습니다.

"색도 안 변하고 멀쩡한데 내가 재다 줄 테니 이리 줘요."

"그래도 그렇지 어떻게 십 년이나 지난 김을…."

된다 안 된다 한참 실랑이를 하다가 결국 가지고 가셨습니다. 그 후 며칠이 지난 어느 날, 편지 한 통과 함께 맛깔나게 구워진 김 한 통을 받았습니다. 십 년 동안 동면한 김이 어찌 그리 맛이 있는지요. 김 맛도 김 맛이지만 사모님 편지가 얼마나 맛깔스러운지 깔깔대며 웃다가 부엌 한쪽 벽에 그 편지를 붙여 놓았습니다.

더 이상 keep하면 안되겠지요? 내 달력으로는 1 century는 지난 김이 김 구이 장인을 만났지만 맛은 어떨는지…. 식품의 expire date 무시했다고 속으론 흉 봤지만 잘 아는 사이에 어떻게 내색을 해요? 김 구우면서 슬슬 먹었는데 뱃속 trouble이 無인 것을 보니 독은 없는 듯합니다. 누가 알아요? 냉동고에서 오랫동안 동면한 김이 그 사이 형질이 바뀌어 난치 내지는 불치병에 탁월한 효과가 있을지…. 우리 그것을 기대하며 즐겁게 먹읍시다.

−소작인 April−

역시 김 구이 장인다운 편지입니다. 긴 세월 동안 동면한 김이 겨울잠을 깨고 나와서는 김 구이 장인 손에 들려지자 새롭게 태어났습니다. 바삭바삭 고소하게 김의 제 맛을 그대로 냅니다. 저도 좀 그랬으면 좋겠습니다. 김 구이 장인 손에서 제 맛을 내는 김처럼 나도 하나님 손에 제대로 구워져서 제 맛을 내는 그리스도인이 되었으면 참 좋겠습니다.

제가 지구에 살다 보니

학기말 시험을 코앞에 두고 빈둥빈둥 거리는 아들 녀석에게 정중하게 시험공부하기를 권했더니 아들 녀석 한다는 말이,

"음, 그럼 공부 좀 해 볼까?"

뚜껑이 열렸다 닫혔다 완전 열이 받습니다. 목소리 가다듬고 다시 한 번 정중하게 말합니다.

"그럼요, 공부 좀 하셔야지요."

옆집 아줌마 버전으로 말하자니 닭살 돋습니다. 나의 원래 버전으로 말하자면 이렇게 해야 합니다.

"어쭈구리 뭐? 공부 좀 해 볼까? 야, 이놈아! 공부해서 남 주냐? 남 줘? 다 너 위해서 공부하는 거야. 공부가 인생의 전부는 아니지만 그래도 좋은 말 할 때 공부 좀 해라. 공부! 응?"

지구에 사는 요즘 아이들은 절대로 스스로 공부 안한다면서요? 스스로 공부하는 아이들은 우주에서 온 별똥별 아이들이라네요. 아마도 은하철도 구구구를 타고 온 온 아이들인가 봅니다. 어느 날 문득, 저도 거룩하고 은혜로운 정중한 부탁을 받았습니다.

"따님, 이제 그만 바쁘시고 말씀 좀 읽으시면 어떨까요?"

하나님의 정중한 부탁을 차마 거절할 수가 없습니다.

"음, 그럼 성경말씀 좀 읽어 볼까?"

"어쭈구리 뭐? 성경말씀 좀 읽어 볼까?"

하나님의 뚜껑 열리는 소리 들려오기 전에 얼른 말을 바꿔 봅니다.

"오 하나님! 노하지 마옵소서. 제가 원래 천국에서 오긴 했는데 지구에 살다 보니 이래 됐습니다. 말씀 잘 읽고 말씀도 잘 쓸게요, 한번 봐 주이소!"

죽어야 사느니

　구름이는 구름처럼 털이 하얗고 복스럽다 하여 붙여진 강아지 이름입니다. 요조숙녀처럼 도도하고 멋쟁이였던 강아지 구름이가 옛 주인을 떠나 새 둥지로 옮겨간 지 수개월이 지난 어느 날, 새끼 다섯 마리를 낳았다는 소식을 듣고 옛 주인과 함께 산모용 고기를 사 들고 찾아갔습니다. 도도하고 구름처럼 하얗던 구름이는 퉁퉁한 몸에 불룩한 배를 한 채 옛적 구름이가 아닌 다섯 마리의 어미로 새로운 삶을 살고 있었습니다.

　구름이는 첫 번째 새끼 한 마리가 나올 때 옛 주인을 잊었습니다. 그리고 또 한 마리가 나올 때 옛 집을 잊었습니다. 또 한 마리가 나올 때 옛 모습을 잃어 버렸습니다. 또 한 마리가 나올 때 옛 습관과 자기만의 삶의 방식을 버렸습니다. 마지막 한 마리가 나올 때 예전의 구름이는 죽었습니다. 잊음은 곧 죽음입니다. 구름이가 이렇게 다섯 번을 죽고 나니 비로소 어미가 되어 주렁주렁 매달려 있는 새끼들에게 젖을 물리며 새로운 삶을 살게 된 것이지요. 죽음은 곧 새 삶입니다.

김치도 맛을 제대로 내려면 배추가 다섯 번 죽어야 한다고 합니다. 땅에서 뽑힐 때 한 번 죽고, 통배추의 배가 갈라지면서 또 한 번 죽고, 소금에 절여지면서 또 다시 죽고, 매운 고춧가루와 짠 젓갈에 범벅이 되면서 또 죽고, 마지막으로 장독에 담겨 땅에 묻혀 다시 한 번 죽어야 비로소 제대로 된 김치 맛을 낸다고 합니다. 죽음은 또 하나의 새로운 맛입니다.

해마다 부활절이 되면 '죽어야 산다.'는 말씀을 많이 듣습니다. 죽긴 죽어야 되겠는데 어떻게 죽어야 하는지 늘 생각하고 사는 우리네이지만 죽기가 그리 쉽진 않습니다. 소금물에 푹 절여 죽을 수만 있다면 고집과 아집, 내 멋대로의 생각과 내 마음대로의 삶에 소금 한 바가지 왕창 집어넣고 푹 죽이고 싶은데 그 또한 그렇게 쉽지가 않습니다. 가끔 사람들이 묻습니다.

"목회하기 힘들죠?"

사실은 목회가 힘든 것이 아니라 내 자신을 목회하기가 가장 힘이 들고, 나를 만들어 가는 것이 가장 힘이 듭니다. 왜냐하면 제 자신이 정말 죽질 않아서 그렇습니다. 지금 내가 죽기 위해 당하는 고난이 있다면 기쁨으로 당해 봅시다. 지금 내가 죽기 위해 당하는 고통이 있다면 기쁨으로 이겨 봅시다. 그러기 위해 오늘도 승질을 죽이고, 고집을 죽이고, 잘난 내 자신을 죽이면서 살아 보십시다.

왜 살짝 맛이 갔을까?

마음속으로 혼자 생각하며 차문을 잠갔습니다. 쇼핑센터 지하 주차장에 차를 주차하다가 옆 차 운전석에 앉아 있는 한 남자가 눈에 걸립니다. 게슴츠레 풀어진 눈을 보니 살짝 맛이 간 것 같습니다. 왠지 기분이 찜찜하여 다른 곳으로 옮길까 하다 주차할 자리 찾기도 만만치 않아 그냥 갔습니다. 빵집에 들어가 빵 하나 냉큼 사 들고 돌아온 시간은 채 십 분도 안 되었습니다. 그런데 놀랍게도 제 차 운전석에 웬 남자가 앉아 있는 것이 아니겠습니까? 이리 보고 저리 보고 번호판을 확인해 봐도 제 차가 분명한데 저 사람은 어떻게? 왜? 뭐 하러? 남의 차에 앉아 있는 것일까? 도둑놈일까? 차 가까이도 못 가고 뒤에서 살짝 살펴보니 아까 그 의문의 기분 나쁘고 찜찜하게 생긴 그 남자가 느긋하게 담배를 피우며 운전석에 턱 하니 앉아 있는 겁니다. 차 트렁크를 펑펑 두들겼습니다. '주인 왔다'는 신호를 보낸 것이지요. 그런데도 움직임 없이 담배를 피우고 있습니다. 몇 번을 더 두들긴 후에야 그 남자가 느릿느릿 밖으로 나옵니다. 그것도 씨익 웃으면서 말입니다.

"왜 남의 차에 타고 있는 거예요?"

"이거 내 찬 줄 알았지이. 문이 열려 있어서 그냥 담배 좀 피우려고…."

'아니? 자기 차는 금연 구역이고 내 차는 담배 방인가? 왜 멀쩡한 자기 차 두고 남의 차에서 담배를 피운담? 분명 문을 잠그고 확인까지 했는데 문이 열려 있었다니?'

살짝 맞이 간 사람과 계속 말해 본들 뭐하겠습니까? 피하는 게 상책이다 싶어 얼른 차에 올랐습니다. 아니 너무 무서워서 얼른 도망간 거지요.

"켁켁, 쿨럭쿨럭!"

그 짧은 시간에 얼마나 담배를 피워 댔는지 숨 쉬기가 어려울 정도로 담배 연기가 차 안 가득합니다. 혹시나 뒤따라오면 어쩌나 싶어 죽어라 밟았습니다. 그 후로 지하 주차장은 절대 안 갑니다. 가끔 이렇게 살짝 맞이 간 사람들을 보게 됩니다. 어떻게? 왜? 무엇 때문에? 살짝 맞이 갔는지 몰라도 암튼 살짝 맞이 간 사람들 때문에 참 신앙인들도 맞이 간 사람들처럼 오해를 받기도 합니다.

그리스도인이라 하면서도 상식을 벗어난 행동으로 가정을, 교회를, 사회를 혼탁하게 만드는 살짝 맞이 간 사람들 때문에 참 곤경에 처할 때가 많이 있습니다. 신앙은 상식적이고 정상적이어야 하는데 말입니다.

나 때문에 얼마나 힘들었수?

"내가 말이야, 젊었을 때는 아주 뻑적지근하게 교만했어.
그래서 눈에 뵈는 게 없었지.
내 남편이 9년 동안 병석에 누워 있다가
돌아가셨는데 그 사람 때문에 내가 너무 힘들었다고
늘 그렇게 생각하고 살았지 뭐야.
그런데 지금 곰곰이 생각해 보면
나 때문에 내 남편이 얼마나 힘들었을까 생각이 돼.
그래서 무척 마음이 아프네."

팔순을 넘기신 우리 노* 집사님이 살아온 날들을 돌아보며 뻑적지근하게 교만하고 잘난 당신 때문에 먼저 간 남편이 '얼마나 힘들었을까?' 생각하며 눈가에 남 몰래 이슬 방울 하나 살짝 맺히십니다.

"당신 때문에 내가 얼마나 힘든 줄 알아?"

그렇게 살아왔던 세월이 훌쩍 팔십을 넘기고 보니 이제는 나 때문에 힘들었을 당신이 그립습니다. 제가 봐도 우리 노 집사님 참 잘나셨습니다. 빽적지근하게 교만하고 잘난 체 하실 만합니다. 6·25 전쟁터에 간호장교로 참전하여 죽어 가는 수많은 조국의 젊은이들과 생사를 같이 했고, 그 옛 시절에 미국 연수 다녀와 영어도 문제가 없겠다, 꼿꼿한 자세에 까만 선글라스 쓰고 너풀 모자 얹고 나서면 홍콩배우가 따로 없습니다. 어느 한 해는 응급실에 세 번이나 실려 가서 이제는 나 때문에 힘들었을 그 당신 찾아 떠날 때가 되었나 싶으면 또 다시 살아나고, 정말 갈 때가 되었나 싶으면 다시 살아나고….

"마지막엔 정말 죽는 줄 알고 옷이고 신발이고 가방이고 내가 쓰던 모든 물건들 다 정리했지. 그런데 또 살아났어! 하나님은 왜 날 살려 주셨을까 생각이 많이 돼."

"하실 일이 아직 남아 있어서 다시 살려 주셨을 거예요."

고개를 절레절레 흔드시지만 제일 좋아하시는 찬양은 "이 산지를 내게 주소서"입니다. 젊은이들이 당신 듣기 좋은 말이라도 할라치면 제일 잘 하시는 말씀 한마디!

"시끄러!"

그 소리에 정이 묻어나고, 사랑이 묻어나고, 다시 사는 그의 인생이 묻어납니다. 가끔 물으십니다.

"이 늙은이 땜에 힘들지 않우?"

그럴 때마다 제 자신이 너무 부끄럽습니다. 늘 내가 아닌 저 사람 때문에 힘들다고 생각하며 살 때가 많기 때문이지요. 그래서 이제는 제 사고방식을 좀 갱생시키려 합니다. 나 때문에 힘들어 할 많은 당신들에게 말하고 싶습니다.

"나 때문에 얼마나 힘들었수!"
아니 주님께도 말씀드리고 싶습니다.
"저 때문에 주님, 얼마나 힘드셨어요?"

뒤집어서 새 사람 되고 파요

뒤뜰에 빽빽이 놓여 있던 화분들을 한쪽으로 치우고 일용할 양식을 위하여 밭을 만들었습니다. 숭숭한 잡초 위에 까만 비닐을 깔고 흙을 몇 포 사다가 부어 넣으니 근사한 밭이 되었습니다. 상추와 고추와 깻잎과 근대, 밑둥 자른 파들을 서걱서걱 심고 군데군데 호박씨도 심었습니다. 그러나 얼마 지나지 않아 다른 곳으로 옮겨 심어야 할 것 같습니다. 묵은 땅을 갈아엎고 거름과 함께 뒤섞은 후에 흙을 고르고 잘 다듬어서 깊이 심어야 하는데 그저 편한 대로 얕은 밭을 만들어 심었기 때문이지요. 묵은 땅을 기경하듯 나의 묵은 마음 밭도 갈아엎어 새롭게 해야 하는데 여전히 묵은 땅으로 남아 있음에 마냥 서러울 뿐입니다.

사춘기에 들어선 아들 얼굴 가득히 '청춘의 심볼'이라 일컫는 여드름이 진을 치고 솟아나옵니다. 거뭇거뭇하게 박힌 피지를 보면 짜고 싶어 손이 근질근질합니다. 나도 '여드름 박사'라 불리며 어지간히 언니 손에 붙잡혀

얼얼하다 못해 욱신욱신 쑤실 때까지 짜임을 당했는데 그때의 언니 마음을 알 것 같습니다. 나는 그것을 짜겠다고 쫓아다니고 아들은 싫다고 도망 다닙니다. 엄마 이길 아들 없다고 내 손에 잡혀온 아들 녀석의 비명 소리에 아랑곳하지 않고 강도를 더해 가며 꾹꾹 눌러 대면 여문 피지들이 톡톡 튀어 나옵니다. 내 안에 죄들도 성령으로 톡톡 터져 나왔으면 좋겠습니다.

말을 이제 막 배우기 시작한 두 살배기 유빈이는 전화를 들기만 하면 자기만 알 수 있는 말을 종알거립니다. 그의 엄마, 아빠는 "누구를 탓하리요?"라고 말하는 것이라고 우깁니다. 중국말도 아닌 것이 일본말도 아닌 것이 한국말은 더더욱 아닌데도 그의 엄마, 아빠는 "누구를 탓하리요?"로 들리나 봅니다. 가만히 잘 들어 보니 그런 것 같기도 합니다.

"~~~~~리요?"만 들리긴 하지만 분명 그는 자기의 언어로 "누구를 탓하리요?"를 외치고 있었습니다. 그 나이에 누구를 탓할 게 그리 많은지 모르지만 그 아이로 하여금 '누구'만을 탓하고 살아가는 제 모습을 발견하게 됩니다.

일본에 건너간 교회 가족이 남편에게 선물로 파란 줄무늬 와이셔츠를 보내 왔습니다.

세월이 지나 그 옷은 소매 부리가 나달나달해지고 깃이 너덜너덜해졌습니다. 그러나 그 옷을 가지고 옷 수선집에 가서 고쳐 오랍니다. 궁상을 이만저만 떠는 게 아닙니다.

"이것은 궁상이 아니라 검소한 거야."

'말이나 못하면 이쁘기나 하지.' 궁시렁거리며 수선집에 맡겼습니다. 소매 부리, 깃 뒤집어서 새 옷처럼 만들었습니다. 어찌나 불쌍해 보였는지 수선집 주인이 돈도 안 받고 그냥 가져가랍니다.

　나달나달해진 나의 속사람도 뒤집어서 새 것으로 만들었으면 참 좋겠습니다.

어디메서 왔소?

"어디메서 왔소?"

우리 집에 손님이 오기만 하면 저의 어머니가 제일 먼저 묻는 물음입니다. 그날도 손님들이 오자 당신이 먼저 반가이 맞이하면서 묻습니다.

"네, 북쪽에서 왔어요."
"아이구! 반갑소. 북쪽 어디메서 왔소? 난 황해도에서 왔수다."
북쪽에서 왔다 하니 낭신처럼 이북에서 온 피닌민인 줄 알고 회들짝 놀라며 너무너무 반가워합니다.
"북쪽 동네 알바니에서 왔어요."
"내레 처음 듣는 동넨데 피양^{평양}에 있는 동네오?"
"엄마! 이북이 아니라 다리 건너 북쪽 동네에서 왔다는 거예요."
"뭐야? 북에서 왔다고 하잖아. 저이가."

아무리 설명을 해도 '북쪽은 이불만 북쪽이다.'라고 생각을 하고, 아무리 얘기를 해도 당신 듣고 싶은 말만 들으시며, 아무리 말을 해도 당신이 하고 싶은 말만 하십니다.

어느 날, 딸아이 친구가 놀러 왔습니다. 중국계 말레이시아 아이인지라 한국 아이와 거의 비슷합니다.

"헬로우!"

할머니에게 손을 흔들어 인사를 하고는 딸아이 방으로 들어가자 저의 어머니가 저에게 역정을 내시듯 말씀을 하십니다.

"저 에미나이는 왜 이케 인사성이 없간?"

"엄마, 아까 헬로우 하고 인사했잖우."

"그게 어디 인사가? 어른을 보면 인사를 해야 안캇어?"

"아아~! 엄마, 저 앤 우리나라 애가 아니라 중국 아이에요. 한국말 못해요."

"그래도 그렇지. 어른을 보고 인사도 못하는 에미나이를 뭐에 써 먹간?"

아무리 얘길 해도 그 아인 당신 눈엔 한국 아이일 뿐입니다. 아무리 설명을 해도 그 아인 당신 눈엔 버릇없는 아이일 뿐입니다. 본의 아니게 그 아인 우리 어머니에겐 인사성 없는 아이가 되어 버렸습니다. 그러나 그 아인 지금도 여전히 우리 집에 오면 "헬로우!" 손을 흔들며 인사를 합니다. 그러면서 생각해 봅니다. 나도 얼마나 보고 싶은 것만 보고, 하고 싶은 말만하며, 듣고 싶은 것만 듣고 살아 왔는지…. 보이는 것보다 보이지 않는 진실이 더 많을 텐데 말입니다. 사람은 보이는 것보다 보이지 않는 사연을 더 많이 품고 산다는 것 잊지 않고 살아가려 합니다.

혹시 그놈이?

　제자훈련 후에 바글바글 집 안 가득 어른 아이 섞여 맛있게 점심을 먹고 있는데 언제 들어왔는지 거실 작은 식탁 위에는 자그마한 텃새 한 마리가 입을 떠억 벌린 채 눈까풀을 감았다 떴다 날지도 걷지도 못하고 제 정신이 아닌 냥 멍하게 앉아 있습니다.

　"어머나, 날개를 다쳤나 봐요. 못 날잖아."

　"걷지 못하는 것을 보니 다리가 부러졌나 본데."

　"입을 다물지 못하는 것을 보니 입에 뭐가 들어갔나 봐."

　"아니야, 비실비실 멍한 것을 보니 뭘 잘못 먹은 것 같어."

　"아녀, 많은 아그들보고 흥부네 집인 줄 알고 잘못 왔는가 벼."

　이 소리, 저 소리 들려옵니다.

　손바닥에 작은 새를 올려놓고 손가락에 물을 찍어 서너 방울을 먹여 주자 쩝쩝쩝 받아먹고는 한참 뒤 제정신이 드는지 동그란 눈을 껌뻑이며 두리두리 고갯짓을 합니다. 날아 들어오다 유리 창문에 머리를 부딪치고 잠시 정신이 오락가락했던 것 같습니다.

흥부네 집 제비는 박씨를 물어 왔다는데 텃새 이놈은 혹시 호박씨라도 물어다 주지 않을까 정성을 다해 보살펴 주며 모인 우리들의 마음을 전했습니다.

"은혜를 잊어서는 안 되느니라."

말이 채 끝나기도 전 찌익 똥물만 남겨 두고 훌쩍 떠났습니다.

다음 날 이른 아침, 혹시나 하는 마음으로 뒤뜰에 나가 호박씨라도 하나 떨어졌나 기대했지만 호박씨는커녕 지렁이 한 마리 없음에 못내 서운해하며 마음을 접었습니다.

"너도 은혜를 잊어서는 안 되느니라."

나뭇잎 사이 아침햇살 속에 하나님의 음성이 마음속 깊이 살짝 들려오는 듯합니다. 그래도 매일 아침 새소리에 눈을 뜨고는 생각합니다.

"혹시, 그놈이 왔나?"

은혜를 잊지 않는 모두가 되기를 소망해 봅니다.

천국 보험 드셨나요?

"혹시 보험 든 거 있으세요? 생명보험이요."
"아니요. 머리털 나고 보험이라고는
자동차 보험 외에는 들어 본 게 없는데요."
"그래도 다른 것은 몰라도 생명보험 하나는 있어야죠."

한번 들었을 때는 '그런가 보다.' 했는데 자꾸 얘길 듣다 보니 '그래야 하나 보다.'라는 생각이 듭니다. 하나님께 완전히 맡기고 살아가는 인생인지라 하나님께 맡긴 삶 자체가 바로 생명보험이요, 건강보험이거니 하고 살아 왔는 데 말입니다.

"저는 아이들 때문이라도 생명보험 들었어요. 물려줄 유산이 하나도 없거든요. 그래서…."

그 말도 또 그럴 듯합니다. 저 역시 아이들에게 물려줄 유산이라곤 아무것도 없습니다. 집도 없죠, 돈도 없죠, 차도 교회 차죠, 물려줄 것이라곤 오직 '믿음' 하나 밖에 없습니다.

"그래? 그럼 나도 생명보험을 좀 들어 봐?"

그렇게 생각했을 뿐 오늘에 이르기까지 어느 보험 하나 없이 '천국 보험'만 들고 살아왔었습니다. 그런데 며칠 전, 은행에 근무하는 성도로부터 전화가 왔습니다.

"지금 보험 프로모션 해요."

보험 설계에 대하여 이것저것 설명을 듣고 큰 마음먹고, 눈 딱 감고 일생에 처음으로 생명보험을 들기로 했습니다. 그런데 보험료가 만만치가 않더군요. 그래서 생각 끝에 남편만 들어 주기로 했습니다. 혈압과 고지혈증 약을 먹고 있는 남편보다 내가 더 오래 살 것 같아서요. 그래서 조건도 잘 설계했습니다. 그러고 나니 왠지 모르게 든든해진 듯합니다. 그런데 그날 밤 곰곰히 생각해 보니 인간의 생사회복은 하나님께 달려 있는데 보험 들었다고 마음 든든하게 생각하는 제 자신이 몹시 우스웠습니다.

아무리 생명보험 설계가 좋다 한들 '천국 보험 설계'만이나 하려고요. 지금까지 사나 죽으나 두 다리 쭉 뻗고 자는 것은 든든한 '천국 보험'에 들어 있기 때문 아니었을까요? 돈도 안 내는 공짜 보험! 본사는 하늘나라! 영원토록 보장된 천국 생활! 지금 '천국 보험'에 가입해 보세요. 인생이 달라집니다.

"꽥꽥꽥! 꽥꽥꽥!"

집 골목을 막 들어서다가 길을 건너려는 오리 가족을 만났습니다. 얼마 전에는 엄마 오리 뒤를 주먹만 한 새끼 오리 열두 마리가 부지런히 쫓아다니는 모습을 보았는데 오늘은 다 어디 가고 그 사이 두 주먹만 하게 자란 새끼 네 마리만 엄마 뒤를 따라갑니다. 차를 세우고 오리들이 건너가기를 기다립니다.

"꽥꽥꽥! 빨리 건너와!"

아무리 엄마가 꽥꽥거려도 건널 생각을 안 합니다. 먼저 길을 건너간 엄마 오리 뒤를 새끼 오리들이 당연히 따라가야 하는데 자기들끼리 올망졸망 모여서 우왕좌왕만 할 뿐 도통 엄마를 따라갈 생각을 안 합니다. 아마도 서 있는 차가 태산 같아 보여 무서운가 봅니다. 어릴 적엔 트럭이 와도 버스가 와도 엄마 뒤만 따라가면 만사 오케이였는데 이제 조금 크다 보니 엄마보다는 눈에 뵈는 차가 더 커 보여 겁이 나는 거겠지요.

새끼 오리들의 반항이 일어났습니다. 엄마를 놔두고 뒤로 돌아! 네 마리 모두 우르르 오던 길로 되돌아갑니다.

귀엽기도 하고 어이없기도 해서 혼자 웃노라니 엄마 오리도 뒤뚱뒤뚱 엉덩이춤을 추며 할 수 없이 가던 길 멈추고 새끼 뒤를 따라갑니다.

"에이그, 자식 이기는 부모 없다더니 짐승도 마찬가지일세."

그 후로 엄마와 함께 다니는 새끼 오리는 볼 수 없었습니다. 독립 선언을 하고 엄마 곁을 떠나서 어디선가 오리 엄마가 되어 뒤뚱거리며 새끼 뒤를 따르고 있겠지요.

지금까지 저 역시 두 주먹만 한 오리 새끼마냥 내 소견에 옳은 대로 뒤돌아서서 내가 가고 싶은 대로 너무 바삐 살아왔다는 생각이 듭니다. 한번쯤 가던 길 멈춰 서서 자신을 돌아볼 필요가 분명 있어야 하는데 말입니다.

하지만 못다 이룬 일, 못다 이룬 꿈 때문에 가는 세월을 아쉬워하며 보내진 않으렵니다. 그래도 아직 남겨진 날들이 많이 있기 때문이지요.

"꽥꽥꽥! 꽥꽥꽥!"

애타게 부르는 엄마 오리의 소리가 귓전에 들려옵니다. 그 속에 아련히 들려오는 또 하나의 다른 음성!

"그래도 난 널 사랑해!!"

그분의 음성이 참 부드럽습니다.

초대받지 않은 손님

어둑어둑 저물어가는 이른 저녁에 김 아저씨 집에 이웃집 백인 아주머니가 생긋 웃으며 말을 하고 갑니다. 한국에서 온 지 얼마 안 된 터라 대충 알아들었습니다.

"오호, 참 친절한 금자 씨네. 자기 아들 생일파티에 우리까지 초청을 다 하고…"

금요일이 되자 김 아저씨는 아침부터 괜히 분주합니다.

"잘 알지도 못하는 우리를 생일파티에 초대해 주었으니 선물은 뭐로 하면 좋을까?"

아들에게 묻자 이상하다는 듯 고개를 갸우뚱하며 묻습니다.

"아빠! 정말 생일파티에 우리 초대한 거 맞아요?"

"그럼! 아빠를 뭐로 보냐? 그쯤은 알아듣거든?"

큰소리치는 놈이 이긴다고 아버지가 아들을 이기고 파티 시간에 맞춰 당당하게 그 집에 들어섰습니다. 그 어느 때보다 멋진 아버지의 모습을 아들에게 보여 주고 싶었던 김 아저씨! 혀를 꼬아 "헬로우!" 큰소리로 인사하며 성큼 들어서는 옆집 아시안을 본 집주인이 놀라고 당황스러운 얼굴로 그들을 맞이합니다. 그러나 놀라고 당황스러운 것은 초대한 그들의 사정이고 김 아저씬 생일파티에 초대된 손님으로서 아주 당당하게 바비큐 파티를 하는 정원으로 들어섰지요.

"야, 이 나라에서 첨 해 보는 바비큐 파티네."

아무 말 없이 친절하게 두 남자에게 와인도 건네 주고 바비큐 고기도 권하는 주인 부부를 무지 고맙게 여기며 잔칫집에서는 잘 먹어 주는 것이 예의다 싶어 이것저것 가리지 않고 주는 대로 아주 맛있게 다 잘 먹어 주었습니다. 그런데 아버지와 아들이 초대받지 않은 손님이었다는 것을 알게 된 것은 그리 오래 걸리지 않았습니다. 초대된 것이 아니라 파티가 좀 시끄러워도 양해해 달라는 거였음을….

그녀의 말을 김 아저씨는 이렇게 알아들었습니다.

"이번 주 금요일 5시에 우리 아들 생일파티가 있는데 오시겠어요?"

그래요, 사람이란 내가 듣고 싶은 말, 내가 원하는 말, 내가 좋아하는 말만 들리나 봅니다. 그러고 보니 혹시나 나도 책망과 교훈의 말씀보다는 내가 듣고 싶은 말씀, 내가 원하는 말씀만 골라 듣는 것은 아닌지 모르겠습니다. 모든 말씀은 책망과 교훈과 바르게 함과 의로 교육하기에 유익하다 하셨는데 말입니다.

나예요, 나 맞아요

그도 그럴 것이 어릴 때부터 가뜩이나 살이 쪄서 걱정했는데 중학생이
되면서 스트레스로 먹어 대고, 배고파서 먹어 대고, 맛있어서 먹어 대고,

열 받아서 먹어 대다 보니 옛 모습은 온데간데없고 어느새 이십 킬로 살이 훌쩍 쪄 버려 저팔계 사촌이 되어 버렸답니다.

고학년이 되면서 유학생 아들과 함께 뉴질랜드에 살게 된 우리 집사님! 그날부터 아들의 '살과의 전쟁'이 시작되었습니다. 이른 저녁 먹고 온 동네를 몇 바퀴씩 돌며 땀을 빼고, 뛰고, 달리고, 걷고, 이삼천 개씩 줄넘기를 해 대며 매일같이 강훈련을 시킵니다. 워낙 단단하게 찐 살인지라 보통 운동 가지고는 빠질 기미가 보이질 않습니다. 게다가 엄마 껌딱지인지라 엄마 없이는 절대 운동도 안 하려 듭니다. 아들과 함께 시작한 운동이 이곳의 가을이 지나고 겨울이 지나면서 아들 바지들이 조금씩 커지기 시작합니다. 하나둘 입지 못할 옷들이 생겨납니다.

그래도 집사님이 정한 음식 외에는 마음대로 먹을 수가 없습니다. 더 먹고 싶어도 안 줍니다. 간식도 거의 없습니다. 배고파도 참아야 하고, 스트레스 받아도 못 먹고, 맛있어도 더 못 먹습니다. 창살 없는 감옥에 갇혀 냉장고 문 열고 침 흘릴 때가 한두 번이 아닙니다. 아마 아들은 우리 엄마가 나를 다리 밑에서 주워 왔을 거라고 생각했을 수도 있습니다.

그렇게 설움의 날을 참고 견디기를 여러 달!

살 속에 묻혀 있던 코가 오똑해지고, 살 속에 숨겨 있던 눈꺼풀이 보이기 시작하더니 찐빵같이 부풀어 있던 얼굴이 갸름해지기 시작합니다. 아주 미남이 되었습니다. 멋진 남자가 되었습니다. 이십 킬로를 뺀 결과였습니다.

그러니 찐빵 같은 여권 사진을 보던 공항 직원이 살이 쪽 빠진 얼굴을 못 알아보고 가짜 여권 소지자라고 통과 시키지 않음은 당연한 거지요. 맞다 틀리다, 나다 아니다 실랑이 끝에 겨우 학생비자를 보고는 어린 학생인지라 출국을 허락했다 하니 그의 행동이 이해가 갑니다.

이제는 핸섬 가이가 되어 주일마다 찬양 팀에서 베이스 기타로 교회를 잘 섬기고 있습니다. 우리 집사님의 소망은 엄마는 피아노 치고, 아들은 기타 치며 함께 찬양하는 것이었답니다. 그런데 지금 그 소망을 이루었다고 기뻐합니다. 피아노를 전공한 엄마는 찬양 팀의 반주자로, 아들은 찬양 팀의 베이스 기타리스트로 주일이면 아름다운 하모니를 이루어 갑니다.

이렇듯 우리의 작은 소망들이 교회 안에서 알알이 맺혀 가는 모습들을 보면 감사하지 않을 수가 없습니다. 큰 소망에 허덕이며 그 소망을 허망하게 좇지 아니하고, 작은 소망일지라도 감사하며 하나하나 이루어 가는 기쁨이 얼마나 큰지요.

우리 안에 소망을 주시고 그 소망을 이루어 가기를 기뻐하시는 하나님 안에서 입을 것 있고, 먹을 것 있고, 아직도 숨 쉬며 살아가게 하심을 족하게 여기며 오늘 하루도 감사하며 살아가렵니다.

울며 씨를 뿌리렵니다

"김치가 먹고 싶어요. 속이 느글느글해서 죽겠어요."

현지 학교 기숙사에서 생활하던 대여섯 명의 간호사들이 기숙사에서 주는 서양식만 먹다 보니 김치 생각이 간절하다고 전화를 했습니다.

이민 초창기에는 한국 배추가 없어서 양배추 김치를 담궈 먹거나 중국 배추를 사다가 겉절이를 해서 먹던 터라 그네들이 원하는 한국의 맛깔스런 김치는 먹을 수가 없었습니다. 그럼에도 중국 배추를 사다가 쓱쓱 버무려 그런대로 김치 모양새를 내고는 그날 저녁 그네들을 불러 모았습니다.

"한국의 김치 맛은 안 나겠지만 맛보다는 모양새를 보고 엄마 김치겠거니 하고 밥 한 그릇씩 드셔 보세요."

채 말이 끝나기도 전에 이미 김치 한 접시가 바닥을 보입니다. 하기야 그 당시에는 한국 식품들도 귀하고 비싼 터라 한국으로 귀국한 청년들이 라면 한 상자 보내 주면 온 교회 식구들을 불러 모아 그 라면 한 상자를 한

방에 끝내던 시절이었습니다.

그네들은 한국에서 잘 나가던 간호사들로 머나먼 이국땅에서 새로운 삶을 살아 보겠다고 열심히 공부하고 있었습니다. 교회를 한번도 다녀 본 적이 없던 자매들이 김치에 밥 먹을 수 있다는 이유 하나만으로 성경공부나 주일 예배에 참석하곤 했습니다.

하루 이틀, 한 주 두 주, 한 달 두 달, 일 년 이 년… 세월이 흐르면서 찬양 팀으로, 대표 기도자로, 청년 리더로 서며 구원받은 하나님의 자녀로, 교회의 일군으로 자리매김을 해 갔습니다.

"난 김치 때문에 하나님을 믿게 되었어요."

고백하는 청년들이 점점 많아졌습니다.

그 가운데 똑소리 나게 공부도 잘하고 야무지고 예쁜 간호사 한 명이 중심이 되어 찬양 인도를 하며 젊은 청년들을 잘 챙기고 돌보는 가운데 교회는 청년들의 열기로 가득 찼습니다. 청년들은 말씀과 찬양의 열기로 열방을 품는 꿈들을 새록새록 피어 나갔습니다.

그러던 어느 날, 우리와 오래도록 함께할 것 같던 그 예쁜 간호사가 시집을 간다고 한국으로 돌아간다고 하네요. 우리는 울고불고 행복하게 잘 살라며 그녀를 한국으로 떠나보냈고, 그녀는 타고 다니던 자동차를 나에게 선물로 주고는 사랑 찾아 비행기를 타고 훌쩍 가 버렸습니다.

그녀가 떠나 간 뒤 12년이 지났습니다. 그런데 어느 날, 아빠 엄마 예쁜 것만 쏙 빼닮은 잘생긴 10살 된 아들을 데리고 그녀가 뉴질랜드로 다시 돌아왔습니다. 아내가 되고, 엄마가 되고, 집사가 되어 우리 곁으로 다시 돌아온 거지요.

"그때 영주권 받고 가서 참 감사해요. 이렇게 다시 올 줄 어떻게 알았겠어요. 사람이 마음으로 계획할지라도 그 걸음을 인도하시는 이는 진짜로 하나님이세요. 3년만 아이 영어공부 시키고 돌아가려고요.”

한국 돌아가면서 다시 오겠다고 말하고 떠난 사람 무지 많습니다. 그런데 정말로 다시 온 사람 거의 없습니다. 그저 마음뿐이지요. 이렇게 아들까지 붙이고 다시 돌아와 우리 곁에 살아가는 그녀를 보니 참 감사합니다. 힘들고 좌절되고 낙심되던 마음에 힘이 되고 큰 위로가 됩니다.

'울며 씨를 뿌려본들 무엇하랴. 헛고생이다!'

이렇게 생각했던 제 자신이 너무 부끄럽습니다. 울며 씨를 뿌렸던 그 씨가 오늘도 어디선가 자라고 있음에 감사하지 못한 내 모습이 참 부끄럽습니다. 이제 묵묵히 울며 씨를 더 뿌려 보려고요. 허탕 치는 씨도 있겠지만 그래도 감사함으로 씨를 뿌려 보려 합니다. 그 가운데 기쁨으로 단을 거두게 하시는 하나님 은혜를 생각하면서 말입니다.

Why not?

"하나님, 저 집 우리에게 주세요. 딱 우리가 찾는 집이네요.
교회하고 바로 옆에 붙어 있어서 얼마나 좋습니까?
새벽기도 가기도 좋고, 사역하기도 편하고,
그냥 달라는 것도 아니고 집세는 낼 거란 말입니다.
저 집을 주옵소서. 저 집을 주옵소서."

　교회 바로 옆에 집을 짓기 시작할 때부터 눈독을 들이며 여리고 성 돌듯이 기도를 합니다. 우리를 초청한 키위교단에 속해 있는 땅에 타운하우스를 지어 분양하면서 제일 먼저 지은 집이 바로 우리 눈에 들어 왔습니다.

　보암직도 하고 탐스럽기도 한 집이었습니다. 커다란 2층 집인데 일반 가정집과는 달리 아래층은 오피스와 게스트 하우스로 활용할 수 있게끔 짓는 다목적 집이라 우리에게 이 집을 주신다면 아래층은 교육관으로 사용하고, 2층은 사택으로 사용하면 딱 맞을 것 같습니다.

그런데 그것은 한낱 우리의 바람이요 우리의 꿈에 지나지 않을 듯합니다. 교단 총회장도, 교회 사역자들도 많은데 아무리 초청한 목회자라 할지라도 우리에게 그 집이 올 리 만무한 거지요. 점점 집의 틀을 잡아가면 갈수록 딱 저 집이 우리 집 같습니다. 타운하우스 가운데 제일 먼저 우리 집이 다 완공되어 입주하는 총회장 부부를 바라보며 '두 사람 살기에는 너무 큰데 우리에게 넘겨 주시지요.' 하며 남편과 속닥거리기도 했습니다. 우리가 생각한 대로 아래층은 총회 오피스 겸 도서관으로 사용하고, 2층은 총회장 부부가 사는 사택이 되었습니다.

교회를 오고 갈 때마다

"하나님, 교육관이 필요합니다. 이왕이면 저 집을 주시면 안 되겠습니까? 교육관으로도 사용하고 사택으로 사용하면 얼마나 좋겠습니까?"

키위교회를 빌려 예배를 드리다 보니 주일 외에는 교회를 마음대로 쓰기가 여간 불편한 게 아닙니다. 우리에게도 독립된 장소가 있었으면 좋겠다는 소원을 품고, 이룰 수 없는 꿈을 꾸며 좁은 사택 공간에서 평일에는 성경공부와 모임들을 계속해 갔습니다.

그러던 어느 날! 총회장 목사님이 은퇴를 하고 지방으로 내려가게 되었는데 저희 보고 이 집에 들어와 살면 어떻겠느냐고 합니다.

"Why not!"

교회가 너무 가까워 사생활 보장이 안 된다는 이유로 다른 곳에서 살겠다는 후임 목사 덕분으로 우리의 기도 응답을 이렇게 이루어 주셨습니다. 총회에 속한 사택이라 하더라도 물론 집세는 냅니다. 이럴 줄 알았으면 집세도 안 내고 살게 해 달라고 기도할 것을 그랬나요?

지은 지 일 년 반도 안 되어 우리는 이 새 집으로 이사를 왔습니다. 우리가 살기에도, 교육관으로 쓰기에도 아주 좋습니다.

"교회 바로 옆이어서 불편하지 않아요? 사생활도 보장 안 되고, 언제든 오픈된 집으로 살아야 하고, 사택은 교회와 좀 떨어져 있어야 좋지."

새로운 총회장이나 후임 목사가 우리를 보고 말을 합니다. 그럼 우리 부부는 혹시라도 그네들이 들어와 살겠다고 할까 봐서 기절하듯이 말을 합니다.

"천만의 말씀! 교회 옆이라 얼마나 좋은데! 굿굿굿!"

13년의 세월이 흐르는 동안 아지도 우리는 아주 행복하게 이 집에서 예배도 드리고 성경공부 모임도 하고 잘 살고 있습니다. 그 덕분에 20초면 뛰어갈 수 있는 교회 옆집이라 오밤중에 알람이 울려도, 새벽에 화재 경보가 울려도 총알같이 뛰어가고, 교회 문 잠겼다고 오면 문 열어 주고, 열쇠 없다고 하면 열쇠 주고, 교회 관리인처럼 완전 사찰 역할까지 다 하고 있지만 주인처럼 살고 있으니 얼마나 감사한지 모릅니다.

이제는 이러한 기도를 드리고 싶습니다.

"하나님, 이왕이면 이 집을 아예 우리에게 주심은 어떠신지요? 집세 내기도 버겁고, 먹고 살기도 힘든데 집세 좀 안 내고 살게 해 주실 순 없으신가요?"

"Why not?"

이러한 하나님의 음성을 기대해 보면서 말입니다.

＊ ＊ ＊ ＊ ＊ ＊ ＊

돌아올 수 없는 길

돌아올 수 없는 길을 떠나려고 준비하는 이들이 있습니다. 부모형제와 친척과 조국을 아니 이 지구를 떠나 영원히 돌아올 수 없는 길을 가려고 십 년이라는 세월 동안 훈련을 받는 사람들이 있습니다.

2015년 2월 16일, 영원히 지구를 떠날 남자 오십 명과 여자 오십 명! 이렇게 백 명의 사람들의 이름이 전 세계적으로 발표되었습니다. 흔히들 보기 싫은 사람들이나, 안 보고 살았으면 좋을 사람들에게 "지구를 떠나거라!" 하고 장난삼아 하던 말이 오늘에 와서 정말로 지구를 영원히 떠나는 사람이 생겼다는 것입니다.

오늘날의 과학으로 보면 화성 Mars 에 사람이 살 수 있는 가능성이 있다고 하네요. 그래서 선발대로 이들을 화성으로 보내어 사람이 살 수 있는 새로운 도시를 건설하는 게 목적이라는 것이지요.

2013년 4월부터 네덜란드 기업가 바스 란스도르프와 유럽 우주기구 출신의 엔지니어 아르노 비엘더스가 공동으로 설립한 Mars one project에서는 지구를 영원히 떠날 사람들을 모집했습니다. Mars one project란 화성이 지구보다 방사능 수치가 높고, 중력도 낮아서 인간이 살기에는 그리 적합하진 않지만 사람들이 살 수 있는 새로운 가능성을 두고 지구의 인간들을 보내어 새로운 도시를 건설하는 프로젝트입니다. 즉, 화성 정착민 건설 후보자들을 모집한 것입니다.

Mars one에서 one은 'one way'를 뜻합니다. 한번 가면 영원히 돌아올 수 없다는 것이지요. 왜냐하면 화성에는 발사대 등 기반 시설이 없어서 사실상 지구 귀환이 불가능하기 때문입니다. 놀라운 것은 백 명을 뽑는 이 프로젝트에 이십만 명이나 넘는 사람들이 접수를 했다네요. 한번 가면 영원히 돌아올 수 없는 길임을 알면서도 이렇게나 많은 사람들이 접수를 했다는 것에 놀라지 않을 수가 없습니다.

이 지구상에 보고 싶지 않은 사람들이 많아서인지, 미래가 보이지 않는 지구를 떠나 새로운 행성에서 정착해 살고 싶어서 그런지는 알 수 없지만 젊은이든, 노인이든 이를 막론하고 수많은 사람들이 치열한 경쟁을 한 것입니다.

선발된 백 명 가운데 최종 사십 명을 뽑아서 화성에서 살아남을 수 있는 훈련을 마친 후 2024년부터 남녀 2명씩 한 우주선을 타고 열 번에 걸쳐서 화성으로 보낼 예정이랍니다. 하나님이 창조하시고 우리 인간들에게 살게 하신 이 지구를 떠나 새로운 유토피아를 꿈꾸는 인간들을 보면서 하나님께서는 어떤 생각을 하실까요? 하다못해 이제는 인간들이 과학이라는 명제 아래 새로운 지구를 창조하려고 발버둥을 치는 시대가 되었습니다.

One Way하면 우리는 오직 '예수 그리스도' 한 분만을 생각합니다. 그리고 왕복 티켓이 필요 없는 곳은 오직 '천국' 한 곳뿐이라고 믿습니다. 화성인으로 선발된 로버트 스와츠 박사는 "돌아올 수 없는 길이기에 더 멀리 갈 수 있다."라고 말을 합니다. 그렇습니다. 그에게는 어차피 돌아올 수 없는 길이기에 멀리 간들, 더 멀리 간들 뭐 그리 문제가 되겠습니까? 하지만 우리는 다시는 돌아올 수 없는 천국 길을 가기 전에 살아 있는 동안 하나님을 위한 사람으로 보다 더 잘 살아야 하지 않겠습니까?

오직 한 길, One Way! 피할 수 없는 십자가의 길을 걸어가신 주님을 기억하며 화성을 향한 one way가 아니라 One Way 되신 예수 그리스도를 따라 살아야겠다고 굳게 다짐해 봅니다.

어머니의 쌍가락지

가끔 만나는 분들이 묻습니다.

"아니요. 하나는 결혼 반지구요, 하나는 친정어머님이 물려주신 반지예요."

어머니 돌아가시기 두어 달 전부터 쌍가락지와 옥반지를 손가락에서 빼서 곱게 싸 놓으셨기에 물었습니다.

"왜, 엄마 돌아가시면 손에서 안 빠질까 봐?"

말없이 빙그레 웃으셨지만 물려줄 수 있는 게 이것뿐이라 미안해 하셨던 것을 저는 알고 있었습니다. 어머니 돌아가신 후 쌍가락지는 제 차지가 되었습니다.

쌍가락지만 끼자니 결혼반지가 마음에 걸리고, 결혼반지만 끼자니 엄마가 마음에 걸리고, 셋 다 끼자니 황금에 눈이 먼 여자 같기도 하여 쌍가락지 중 하나만 결혼반지와 함께 끼기로 했습니다. 올해도 엄마 없이 어머니 날을 보내고, 엄마 없이 어버이 주일을 보내고 나서 어머니의 쌍가락지를 살짝 손에 끼워 보았습니다. 그리움이 사무쳐 옵니다.

어머니의 넓은 사랑 귀하고도 귀하다
그 사랑이 언제든지 나를 감싸 줍니다
내가 울 때 어머니는 주께 기도드리고
내가 기뻐 웃을 때에 찬송 부르십니다

"어머니의 넓은 사랑" 찬송가를 부르며 큰 물질이 아니라 큰 믿음의 유산을 남겨 주신 부모님께 가슴 깊이 감사드리며 오늘 하루도 열심히 살아가리라 다짐해 봅니다.

내 은혜가 네게 족하다

한국 방문 중에 뮤지컬 "라이온 킹"을 아이들과 함께 볼 기회가 있었습니다. 내가 누구이며 어디서 왔는지, 자신을 잃어버리고 정글을 헤매던 주인공 심바에게 어느 날 불쑥 나타난 무당 라피키가 들고 있던 지팡이로 심바의 머리통을 보기 좋게 내리칩니다.

"아야!"

아프다고 소리치는 심바에게 라피키가 말합니다.

"아프지? 그러나 아픈 것은 이미 지나간 과거야!"

모태신앙으로 교회에서만 자란 나에게 하나님께서는 한번도 묻지 않으셨습니다.

"내가 네게 무엇을 줄꼬? 너는 내게 구하라."

한번만이라도 물어 오신다면 드릴 말씀이 무척이나 많은데 말입니다.

"아야!"

아프다고 소리치는 저에게 하나님께서는 말씀하십니다.

"아프냐? 그러나 내 은혜가 네게 족하다."

만입이 내게 있던들 더 이상 무엇이라 말하리요. 그 은혜가 내게 족한 것을!

살아온 걸음마다 자국마다 그 은혜가 넘쳐난 것을!

아직 누구도 살아보지 않은 새로운 일 년을 이렇게 또 허락하셨으니 올 한 해도 구하며, 두드리며, 찾으며, 그분 사랑 안에 거하며 새롭게, 새롭게 감사함으로 살아가야겠습니다.

야, 저 주인공 끝내 주지 않냐?

기분 나쁜 일이 있는지 마음 상한 일이 있는지 들락날락거리며 쾅! 쾅! 문을 닫고 다니는 남편이 심상치 않습니다. '저러다 괜찮아지겠지.' 하고는 "글래디에이터" 영화를 아이들과 함께 보고 있었습니다.

"야, 저 주인공 끝내 주지 않냐? 정말 멋있지? 와! 저 카리스마 있는 눈빛! 끝내 준다, 끝내 줘."

어이없어 쳐다보는 아이들의 시선도 아랑곳 않고 침까지 흘리며 주인공에 푹 빠져 있는 나를 향해 드디어 남편의 '퉁' 맞은 소리가 들려옵니다.

"아니 내가 면도 한번만 안 해도 도둑놈 같다느니, 산적 같다느니 펄펄 뛰면서 저 덥수룩한 수염 기른 산적 같은 주인공은 왜 좋아하는데? 나도 저렇게 수염 좀 길러 봐?"

아하! 이제야 남편의 심통을 알 것 같습니다. 내가 "글래디에이터" 영화를 몇 번씩이나 본 이유는 저 멋있는 주인공 때문이라는 것을 잘 알고 있는 남편으로서는 은근히 샘이 났나 봅니다.

"아빠도 예쁜 여자 나오는 영화 하나 엄마처럼 정해 놓고 보세요."

아이들이 불을 지릅니다.

"에이그 내 팔자야! 영화 하나 제대로 못 봐요, 못 봐! 아무나 수염 기른 다고 멋있나?"

속으로 구시렁대며 삐진 남편을 나긋나긋하게 달랩니다.

"난 수염 기른 남자보다 깔끔하게 면도한 남자가 더 좋더라. 면도한 후 파룻파룻한 당신 턱 정말 멋져!"

남자는 철들면 망령이라는 데 오, 주여! 그냥 저렇게 철없이 살게 해 주 십시오.

그날, 그래도 저는 끝까지 영화는 다 보았답니다.

"야, 저 주인공 끝내 준다, 끝내 줘."

믿습니까, 여보!

결혼하고 며칠이 지난 어느 날, 시아주버니가 우리 집으로 전화를 했습니다. 갑자기 받은 전화인지라 공손히 인사를 한다는 것이

"안녕하세요. 아주머니! 아니 오라버니! 아니 아니···."

'이게 아닌데?' 하면서도 그 '시아주버님'이란 말이 도통 떠오르질 않습니다. 아무리 머리속을 굴려 봐도 뭐라 불러야 할지 생각이 나질 않습니다. '에라 모르겠다.' 한 깡 하는 세가 뭐라 했겠습니까? 씩씩한 목소리로 전화통을 붙잡고 고개까지 숙여가며 다시 인사를 했습니다.

"안녕하십니까, 형님!"

그때 전화기 너머에서 들려오는 묵직한 한 말씀

"형님이 아니라 시아주버님이요."

아마도 그때 우리 시아주버님이 겁이 좀 났을 겁니다.

"혹시 조직폭력배에서 이탈한 여자 아이가?"

어느 주일예배 설교시간에 열변을 토하며 설교하던 남편이 얼마나 성령 충만했는지 갑자기 목소리에 힘주어 외치는 말씀이 "믿습니까, 여보!" 하고 외쳐 버렸습니다. 아니 웬 여보?

"믿습니까, 여러분!"을 한다는 것이 그만 "믿습니까, 여보!"라고 소리를 지른 거지요.

설교는 계속되고 교인들은 허벅지를 꼬집어 가며 웃음을 참느라 그날 예배시간은 아주 은혜로웠습니다. 실수한 줄도 모른 남편이 뒤늦게 알고는 한마디 합니다.

"교인들이 싱글벙글 하기에 오늘 말씀에 은혜들을 충만히 받은 줄 알았네."

하지만 저는 "믿습니까, 여보!"를 마음에 두었습니다. 믿음 없는 저를 책망하시는 성령의 소리로 말입니다. 얼마나 믿음이 없었으면 설교 시간에 나를 콕! 찍어서 외치게 하셨겠습니까?

오, 주여! 믿음 없는 저를 용서하소서.

억울합니다

봄 따사로운 햇빛에 서서 열심히 손을 들여다보는 남편이 심상치 않아 '가시가 막혔나?' 하던 차에 집사님 한 분이 저를 향해 냅다 소리를 지릅니다.

하도 기가 막혀 남편 손을 들여다보니 정말 손가락 군데군데 영락없는 주부습진입니다. 변명할 가치 없이 나는 졸지에 못된 팥쥐 엄마, 남편은 가련한 착한 콩쥐가 되어 버렸지요 허구한 날 물에 손 담그고 밥하고, 빨래하고 손에 물마를 날 없는 제 손은 멀쩡한데 겨우 저녁 설거지 한 번씩 하는 남편 손에 주부습진이 웬 말이랍니까?

"아이고, 남들 보면 당신이 밥하고 빨래하고 온 집안 살림 다 하는 줄 알겠네. 아예 이참에 살림 맡아 하지 그래요?"

비아냥거려 보지만 그래도 여전히 억울합니다.

다음날, 저녁 설거지 끝낸 남편이 묻습니다.

"우리 집에 주부 습진 약 있나?"

주부 습진 걸렸다고 그 귀한 저녁 설거지 안 시킬 순 없죠. 아내가 정성스레 밥하고 반찬 만들고 맛있게 밥상 올리면 저녁 설거지 정도는 '사랑스런 남편'이 해 주어야 하지 않겠어요? 수고는 내가 하고 칭찬은 남편이 들어도 그리 배 아프진 않네요. 나의 수고로 누군가 칭찬받는 기쁨이 있다면 무엇인들 못하리요. 습진 약 대신 굴러다니는 정체 모를 연고 발라 주며 살살 약 올리며 말합니다.

"당신은 비단 손! 나는 무쇠 손! 당신은 상감 손! 나는 무수리 손! 그래도 저녁 설거지는 여전히 당신 몫!"

당신은 혼자가 아닙니다

성탄절을 바로 앞둔 어느 이른 아침 커다란 소포 상자 하나를 받았습니다. 받는 사람은 분명 우리인데 보내는 사람은 전혀 알지 못하는 사람이었습니다. 안양의 어느 기도원이라는 것 밖에는….

조심스레 상자를 열어 본 순간, 맨 위에 곱게 개켜진 수건에 쓰인 문구가 세상의 어떤 위로보다 가장 큰 위로가 되었습니다. 그 한마디에 가슴 뭉클 눈물이 앞을 가렸습니다.

"당신은 혼자가 아닙니다."

'나만 홀로 남았다.'는 엘리야의 처절한 외로움처럼 떠나긴 이들의 빈자리만큼이나 마음 한 켠이 텅 빈 것 같아 외롭고 시렸는데 태평양 건너 온 수건 한 장에 쓰인 그 한마디가 그 해 나의 가장 값진 성탄 선물이 되었습니다.

올해도 어김없이 커다란 소포상자가 도착했습니다. 푸르스름한 수건에 쓰인 "당신은 혼자가 아닙니다." 메시지를 담고서 말입니다. 알아주는 이

없이 홀로 간다는 외로움이 그 글 한 줄에 새로이 힘을 얻습니다.

먹고 살기 힘들다는 소리가 사랑하는 조국으로부터 들려옵니다. 무엇을 먹고 마실까 염려하는 소리들이 이곳에서도 들려옵니다. 무너져 내리는 탄식소리가 가슴 깊이 들려옵니다. 어쩔 수 없이 이 땅을 떠나야 하는 이들의 무거운 발자국 소리도 성탄을 앞두고 여기저기서 들려옵니다.

올 성탄절에는 힘든 이웃, 외로운 이웃, 고달픈 이웃, 홀로라고 서글퍼하는 이웃들에게 사랑으로 만든 예쁜 성탄카드에 꼭 한마디 전하고 싶습니다.

"당신은 혼자가 아닙니다."

혹시 마음보 뜯어 고치는 데는 없나요?

어느 날, 압구정동 한복판에 자리한 장안의 소문난 성형외과에 얼굴이 작아야 화면발 잘 받는다는 유명인사를 모시고 광대뼈 깎아 예뻐지려는 그녀의 보호자로 따라 가게 되었지요. 들어선 순간부터 여기저기 벽에 걸린 조각 같은 미인들의 환한 웃음에 기가 팍 죽어 있던 나는 짐짓 태연한 척 뼈 깎는 드릴 소리를 들으며 잡지책을 이리저리 뒤적이는 데 나를 향한 심상치 않는 눈길이 따갑게 느껴지더군요.

눈길을 따라 고개를 슬쩍 들어 보니 리셉션에 앉아 있는 간호사가 이미 내 얼굴 이곳저곳 훑어가며 얼굴 견적을 다 뽑아 놓고는 '돈 깨나 들게 생겼다.' 하는 표정으로 나를 쳐다보는 듯합니다.

민망하고 멋쩍어진 나는 그냥 있긴 좀 뭐하고 그래서 "어디를 고치면 예쁠까요?" 물었더니 긴 머리로 감추고 있던 나의 넙대대한 턱을 좀 깎으라 하네요.

'생긴 대로 살자.'는 나의 소신이 무력해지더군요.

말씀에 위로 받으며 살아가던 나도 언제부턴가 세월 따라가며 겉 사람 신경 쓰다 보니 속사람이 날로 부패해지고, 생수의 강이 흘러넘쳐야 할 속마음에는 세상 것으로 충만해 버렸습니다.

이제 분주한 발걸음 손놀림 잠시 내려놓고 나의 속사람, 나의 속마음 다시 추스르며 계곡 따라 흐르는 맑은 물줄기처럼 말씀 따라 살아가는 참된 믿음의 본이 되고 싶습니다.

혹시 못된 마음보 뜯어 고치는 데는 어디 없나요?

마음이 정말 가난한

　김장을 할라치면 꼭 생각나는 친구가 있습니다. 개척 교회만 찾아다니시던 아버지 목사님 덕분에 이 친구는 그럴듯한 김치 한번 제대로 먹어 보지 못하고 '김장'이란 꿈에도 생각지 못하고 살았답니다. 한창 김장철이 되어 집집마다 김장들을 한다는데 그의 어머니는 시장에 나가 배추 시래기를 주워 와서 멀건 시래기죽으로 저녁 한 끼를 식구들에게 주고, 시퍼런 시래기 김치로 김장을 대신했습니다.

　그러던 어느 날, 아침에 나간 막내 동생이 하루 종일 보이지 않더니 뉘엿뉘엿 해 질 녘에 주황색 쌀바가지를 하나 들고 들어왔는데 그 속에는 배추김치 한 포기가 먹음직스럽게 들어 있었다는군요. 김장하는 집 앞을 지나가다 그 김치가 하도 먹고 싶어 하루 종일 콧물 훌쩍이며 그 집 앞에 서 있었더니 집주인 아주머니가 묻더랍니다.

　"애, 넌 왜 집에 안 가고 하루 종일 거기 서 있니?"

　"김치가 먹고 싶어서요."

그날 저녁 막내가 얻어온 김치 한 포기 상에 올려놓고 온 가족이 눈물로 밥 말아 저녁 먹을 적에 막내는 정신없이 김치만 먹고, 엄마는 맨 밥만 꾸역꾸역 드시고, 아버지는 눈물을 찬 삼아 서너 수저 드시고 말았답니다.

아버지의 목멘 찬송소리가 집안 가득 퍼질 때 내 친구는 '나도 아버지처럼 목회자의 길을 가겠노라.' 헌신하고 청빈과 가난을 배운 목회자가 되었습니다. 부자가 아닌 마음이 가난한, 정말 마음이 가난한 청빈한 목회자가 되었지요.

마음이 가난한 자는 복이 있나니….

나는 죽고 주님이 사신 은혜가

군대를 갓 제대하고 어학연수를 온 청년이 돌아갈 날이 다 되었음에도 세례를 받고 고국으로 돌아가겠다고 우리 곁에 머물던 날, 한마음으로 우리는 바닷가에 모였습니다. 친정어머니, 친정 언니의 믿음 따라 가지 않고 홀로 자신의 마음 따라 살던 여인이 이제부터는 주님 따라 살겠노라고 세례 받던 날, 한 뜻으로 우리는 바닷가에 모였습니다.

객들이 다 떠난 텅 빈 바닷가에 어머니와 아들인양 두 손을 꼬옥 잡고 젊은이와 여인은 저녁녘 스산한 바람과 잔잔한 파도를 가르며 옛사람이 죽으러 바다 속으로 들어갑니다.

"성부와 성자와 성령의 이름으로 세례를 주노라."

짜디짠 바닷물 속으로 잠시 잠깐 쓰러졌다가 한 되 물을 이고 다시 태어나는 순간! 들어갈 때의 세상과 나올 때의 세상이 달라졌습니다. 나는 죽고 그리스도와 함께 사는 세상으로 온 것이지요.

"나 같은 죄인 살리신 주 은혜 놀라워."

모인 무리들의 목 메인 찬양이 바닷가를 울릴 때 '옛사람은 죽고 새사람'이 된 감격이, '나는 죽고 주님이 사신' 은혜가 큰 파도 되어 몰려왔습니다.

옛사람 죽고 새사람 되었던 감격을….

나도 회복하고 싶습니다.

나는 죽고 주님 사신 그 은혜를….

나도 회복하고 싶습니다.

부활의 아침이 옵니다. 주님의 부활만을 기대하지 않고 나도 더불어 부활하고 싶습니다.

"예수 부활! 나의 부활!"로 말입니다.

오징어 젓갈 하나도
포기 못하고서 뭘

그놈 좀 잡아 주세요

교회 김장을 마치고 집에 돌아가려고 나가셨던 한 집사님의 다급한 소리에 황급히 나가보니 분명 있어야 할 차가 정말 감쪽같이 사라져 버렸습니다. 자동차 문은 분명히 잠궜고, 자동차 키는 분명 가방 안에 있는데 하늘로 솟은 것도 아니고 땅으로 꺼진 것도 아닐 텐데 보이질 않습니다. 훔친 차를 가지고 범죄에 사용할지 모른다더라, 때로는 파트 별로 분해해서 팔기도 한다더라, 어떤 차는 찾아도 다 부숴 버려 못 쓴다더라, 이런저런 얘기들을 들으며 없어진 차를 찾으려고 아니 '그놈'을 잡으려고 경찰에 신고를 했습니다.

다음 날, 수요 중보기도 시간에 간절한 마음으로 합심하여 기도를 드렸습니다. 경찰로부터 금요일 오후에 차를 찾았다는 소식이 왔습니다. 시동을 걸기 위해 키 박스만 살짝 뜯어 놓고 차 안의 모든 물건은 몽땅 뒤져 챙겨 가긴 했지만 우리의 염려와는 달리 멀쩡하게 돌아왔습니다. 우리의 '기도 빨'이 먹힌 것 같습니다.

도둑맞은 차는 경찰에 신고하면 되는데 우리의 도둑맞은 시간은 어디에 신고를 해야 하나요? 기도하는 시간과 말씀 읽는 시간을 도둑질해 간 그놈을 잡으려면 어떻게 해야 하나요? 주님은 기도로 하루를 시작하고 하루를 마치셨는데 우리는 하루를 계획으로 시작해서 욕심으로 끝내니 우리의 기도 시간을 훔쳐간 그놈! 우리의 말씀 시간을 훔쳐간 그놈! 제발, 그놈 좀 잡아 주세요.

호떡집에 불났습니다

결혼 후 한 달 만에 뉴질랜드 이 땅 위에 살포시 나래를 편 선남선녀 신혼부부가 예쁘게 딸, 아들 낳고 잘 살아가더니 어느 날 큰 사고를 쳤다고 전화가 왔습니다.

"무식이 용감이라고 셋째를 가졌습니다."

입덧을 시작한 그의 아내가 주일 예배 후 쫄면이 먹고 싶다기에 면을 삶고 양념을 하는데 먹고 싶다던 쫄면 생각은 온데간데없이 갑자기 하얀 쌀밥에 김치를 쭉쭉 찢어서 밥 위에 척척 얹어 먹고 싶다고 합니다.

"그래. 먹고 싶은 것 못 먹으면 짝눈 아기 태어난다고 옛 어르신들이 말씀하셨지."

압력밥솥이 칙칙 돌아가며 하얀 쌀밥이 다 될 무렵, 이번에는 청국장이 먹고 싶다고 주문이 새로 들어옵니다. 청국장이 보글보글 끓어갈 때 식탁 위엔 일 차로 하얀 쌀밥과 시뻘건 김치가 썰지도 않은 채 임신부의 손에 쭉쭉 찢겨져 배 속 아기에게 갑니다.

청국장이 식탁 위에 놓이고 냄새가 풍겨나자 이번엔 팥죽이 먹고 싶다고 팥죽을 새로 주문합니다. 호떡집에 완전히 불났습니다.

후룩후룩 2차로 청국장을 불어 가며 맛있게 먹을 즈음 압력솥의 팥도 잘 익어갑니다. 걸러 낸 팥 앙금에 새알을 동글동글 만들어 넣으며 동지섣달도 아닌 늦가을에 새알 넣은 팥죽을 먹으며 한 해는 행복하게 저물어 갔습니다. 전식에는 하얀 밥에 김치 쭉쭉, 본식에는 후룩후룩 청국장, 후식에는 걸쭉한 팥죽으로 마무리하며 호떡집 문을 닫았습니다.

임금님의 수라상이 아니어도 참 행복했습니다. 작은 것에 행복해하며 함께 할 수 있다는 것이 얼마나 아름답고 행복한지요.

저도 하나님께 정신없이 이것저것 주문 좀 해야겠습니다

"어이구, 호떡집에 불났다."

하나님의 행복한 음성이 들리게 말입니다.

헉! 너는 누구세요?

"헉! 누구세요?"

이른 아침 잠자리에서 일어나 큰 기지개, 큰 하품 시원하게 하고 났더니 옆 자리에 있던 남편이 낯선 여인을 보듯이 "헉!" 하고 놀랍니다. 부스스한 머리, 부석부석한 얼굴, 잠에 겨워 게슴츠레한 눈, 화장기 없는 맨 얼굴! 처음 보는 것도 아닌데 아침부터 냅다 무안을 줍니다. 거울을 보니 정말 낯선 여인이 서 있습니다. 낮에는 멀쩡하다 잠만 자고 일어나면 왜 그런지 길거리 노숙자가 따로 없습니다. 그렇다고 화장을 하고 잘 수도 없고, 로봇처럼 꼼짝 않고 서서 잘 수도 없고….

어느 우스갯소리가 있습니다.

성경을 뒤적이며 사람들 이름만 열심히 외우시는 할머니에게 손자 녀석이 묻습니다.

"할머니! 왜 성경에 나오는 사람들 이름만 외우세요?"

"이놈아! 그것도 몰러? 할미가 천당 가서 이 사람들 만나면 '헉! 뉘시유?' 할 수 있냐? 이름 정도는 알고 가야제."

요즘 세상이 수상하고 주님 오실 날 멀지 않았다는데 우리 주님 오시는 날 주 앞에 섰을 때

"헉! 너는 누구세요?"

주님께서 날 몰라보실까 두렵습니다. 아니 그보다 내가 영광의 주님을 몰라볼까 더 두렵습니다. 요즘 뭘 하고 어떻게 살아가십니까? 육신의 행복이 돈에 있다 하여 돈 따라 살아가십니까? 육신의 행복이 건강에 있다 하여 건강 따라 살아가십니까? 아니면 내 소견이 옳다 하여 내 소견 따라 살아가십니까? 주님 오실 날 멀지 않았는데 우리 그러지 말고 따라따라 예수 따라, 따라따라 말씀 따라, 따라따라 성령 따라 하나님 자녀답게 한번 폼 나게 살아 봅시다.

이왕에 죽을 거 굶어 죽으세요

이른 아침에 전화 한 통을 받았습니다. 인생살이 고달파 죽고 싶다는 전화였습니다. 진짜 죽을까 걱정되어 얼른 약속하고 저녁에 만났습니다. 앉자마자 죽고 싶은 이유만 말합니다.

"이래 살아 뭐 하겠습니까?"

쭉 들어 보니 정말 죽을 만합니다. 살맛이 안 날만도 합니다. 어느 정도 지나자 죽을 밑천도 다 떨어졌는지, 살맛이 없어서 그런지 죽고 싶다는 말도 시들해져 갑니다.

"그럼 어쩌겠어요. 그럼 죽어야지. 이왕에 죽을 거 굶어 죽으세요. 쌀도 비싼데…"

죽고 싶다던 이의 눈이 화들짝 놀랍니다. 먹고 죽은 귀신은 때깔도 좋다는 데 굶어 죽으라니? 어이가 없다는 표정입니다. 마구 말려야 할 분위기가 죽으라는 분위기로 바뀌었습니다.

"이왕 죽을 거면 이판사판 하나님께 금식하며 매달려 보세요. 한 열흘 굶으면 죽으려나?"

인생을 살다 보면 왜 죽고 싶은 일들이 없겠습니까? 이래도 죽고, 저래도 죽고, 좋아도 죽고, 싫어도 죽고, 배불러도 죽고, 배고파도 죽고, 잘 되도 죽고 못 되도 죽고, 이뻐도 죽고 미워도 죽는 세상인 것을요. 그렇다고 그때마다 다 죽을 순 없잖아요? 죽니 사니 아웅다웅거리다가 늦은 저녁 찬바람 맞으며 막 차문을 여는데 등 뒤에서 향긋한 소리가 들려옵니다.

"닷새 굶으면 죽나?"

닷새 금식하며 하나님과 맞짱뜨려나 봅니다.

"닷새 굶어 안 죽으면 열흘 굶어야지 이래 죽나 저래 죽나 죽기는 마찬가진데…"

죽을 힘 있으면 그 힘, 살 힘에 보태어 잘 살아 봅시다. 인생! 한 번 가지 두 번 간답니까?

사람들은 저를 보고 '준길'이래요

이제 갓 삼칠 일이 지난 저는 이렇게 태어났습니다. 병원에 가는 도중 그만 아빠 차 안에서 세상에서의 첫 울음을 터뜨린 참으로 황당한 일을 당한 아기입니다. 분명 아침에 의사 선생님께서 "몸에 징조가 보이거든 얼른 병원에 오세요." 하는 말을 듣고도 우리 엄마는 이미 나올 준비가 다 된 나를 두고 병원에 갈 생각은 않고 끙끙 앓고만 있습니다.

다행히 일 다녀온 아빠가 와서 급하게 아빠 차에 올라타서야 "으아악!" 외마디 비명을 지릅니다. 그런 엄마를 보며 생각했습니다.

"충청도 양반이라 어쩔 수 없군."

점점 좁아지고 답답해진 엄마의 배 속이 요나가 들어갔던 물고기 배 속처럼 미끄럽고 끈적거려 빨리 나가야 할 터인데 퇴근시간에 딱! 걸려 오도 가도 못하게 되었으니 엄마 아빠보다 심히 걱정스러운 건 저 아니겠습니까?

성격도 느긋, 말도 느긋하게 하는 우리 엄마, 파파팍 성격 급한 경상도

싸나이 울 아빠.

"애기 나오려고 해요."

"뭐라카노? 이따 나오라케라!"

"어쩌죠? 애기 나왔는데."

저는 이렇게 세상에 나왔답니다. 벌거벗은 채로 사지를 버둥대며 울어 대도 안아 주지도 덮어 주지도 않고 탯줄을 매단 채 저를 두 손에 받쳐 들고만 있는 우리 엄마 보면서 소리 질러 울며 부르짖었습니다.

"엄마, 나 나왔는데 어떻게 해요?"

하나님이 주신 생명인지라 저는 이렇게 태어나 벌써 이 땅에서의 삶을 이십여 일을 살았습니다. 사람들은 저를 보고 길에서 태어났다고 '준길'이라고 부릅니다. 축복해 주세요.

길에서 태어난 아기는 복 있다면서요?

토옹~통 통통! 토옹~통 토옹~토옹~!

병원에 입원한 중국 할머니가 허리를 두드리며 "토옹~통 토옹 토옹!"

어깨를 두드리며 "토옹~통 통~통!" 온 몸을 두드려 가며 "토옹~통 토옹~통"

쉬지 않고 "토옹~통"만 외치고 있습니다.

간호사인 우리 집사님이 다가가자 더 큰소리로 "토옹~통"을 외칩니다. 영어도 안 통하고 한국말도 안 통하여 난감하기 이를 데 없는데 가만히 보니 우리네 할머니랑 하는 행동이 똑같더랍니다.

"아~하! 아프다는 소리구나. 아플 토옹^痛!"

그 할머니의 소리를 번역해 보면 이렇습니다.

"아퍼~어 아퍼아퍼! 아이구~아프다구~!"

어디서 떨어진 것인지, 아니면 넘어진 것인지 여기저기 온 몸이 아프고,

온 몸이 쑤시고 성한 데가 없이 삭신이 다 쑤시고 아프다는 거지요.

그런데 요즘 들어 온 지구촌도 아프다고 '토옹~통!', 땅덩이들도 아프다고 '토옹~통!', 우리나라도 아프다고 '토옹~통!', 교회들도 아프다고 '토옹~통!' 부쩍이나 '토옹~통' 아프다고 외치는 소리들이 많이 들려옵니다. 어느 한 곳 안 아픈 곳이 없는 땅덩어리입니다.

어디가 많이 아프신가요? 쉬지 않고 '토옹~통 토옹~통 통통!' 외치시나요? '아프다'고 '아프다'고 외치는 나를 보며 나보다 더 많이 아파하는 분이 계시기에 그 한 분만으로 큰 위로를 삼으십시오. 그분은 나를 위해 죽기까지 하셨잖아요? 그분 때문에 난 오늘도 웃을 수 있습니다.

음, 바로 이 맛이야!

어휴! 듣기만 해도 정말 아까워 죽겠습니다. 쫀득쫀득한 오징어포를 매콤, 달콤하게 양념하여 밥상에 올리면 오고 가는 젓가락에 밥 한 공기 뚝딱인데 오락가락 눈에 삼삼합니다.

박식하신 집사님께 전화를 드렸습니다.

"집사님, 이러저러한데 먹어도 괜찮을까요?"

"그럼요. 끓는 물에 잘 씻어서 채반에 받쳐 물기 빼고 살짝 기름에 좀 볶다가 양념해서 드세요. 저도 그런 거 먹었었는데 아직 안 죽고 살아 있어요. 호호호."

아직까지 살아 있다는 말에 얼른 쓰레기통에 버려진 퍼렇게 곰팡이 난 문제의 그 오징어포를 꺼내다가 정성껏 씻은 다음 집사님 시킨 대로 오물조물 양념해서 먹어 보았습니다.

"음, 바로 이 맛이야!"

펄펄 끓는 물에 튀기다시피 씻어 낸 단물 빠진 오징어포가 무어 그리 맛있겠습니까마는 '내 새끼 좀 먹어 보라.'고 사랑과 정성으로 보내신 부모님의 그 사랑이 목 메이게 맛있는 거겠지요.

새벽마다 성경통독으로 모입니다. 솔직히 설 깬 잠에 뭐가 그리 말씀이 달고 맛있겠습니까마는 달고 오묘한 그 말씀, 꿀 송이보다 더 단 생명의 말씀을 매일 새벽마다 맛보며 외치고 싶습니다.

"음, 바로 이 맛이야!"

많이 행복해 보여요

나에게는 유난히 눈망울이 크고 맑은 '모니에'라는 잘생긴 꼬마 친구가 있습니다. 얼굴엔 '개구쟁이'라고 쓰여 있고, 기계라면 무엇이든 다 뜯었다 망치는 미래의 훌륭한 과학자이기도 합니다.

여기에 있는가 하면 금방 저기에 가 있고, 저기에 있는가 하면 금방 곁에 와서는 쉴 새 없이 질문들을 쏟아 놓기도 하고, A4용지 수십 장에 '사랑해요.' 한마디 써 들고 보고 싶다고 불쑥 찾아오기도 하는 사랑하는 나의 꼬마 남자친구입니다.

며칠 전엔, 골고다 언덕길의 주님 지신 십자가만큼이나 심히 무거운 근심과 걱정과 염려로 충만한 저를 보고 황소만큼이나 큰 눈망울을 굴리며 말을 합니다.

"많이 행복해 보여요."

아, 이런! 지금 나보고 많이 행복해 보인다고? 뒤돌아오며 맥없는 잔디밭을 툭툭 발로 차며 생각해 보았습니다.

"무엇 때문에 내가 많이 행복해 보였을까?"

하늘 한 번 땅 한 번, 땅 한 번 하늘 한 번, 바람에 불려가는 물 없는 구름을 바라보며 여덟 살 '모니에'를 통해 나에게 하고픈 그분의 말씀이 무엇인지 깨닫고는 행복해 보이는 난 울고 말았답니다.

나 비록 지금은 외양간에 소가 없고 감람나무에 소출이 없다 할지라도 그분으로 인하여 기뻐하고 즐거워하며 행복한 사람으로 살아가게 하시니 얼마나 감사하고 감사하온지요. 생전에 저의 어머니가 묻곤 하셨지요.

"너는 믿음이 좋냐, 배짱이 좋냐?"

저는 믿음도 좋고 배짱도 좋습니다. 오늘은 모든 근심 걱정 훌훌 벗어 던지고 두 다리 쭉 뻗고 잠이나 자야겠습니다.

이렇게 살았습니다

저의 어머니가 나를 찾으실 때면 큰 언니, 작은 언니, 막내 언니 이름을 한 번씩 모두 부른 다음에서야 마지막으로 제 이름을 부르며 찾습니다. 언니 이름 불러본들 다 한국에 살고 나만 당신과 함께 이곳에서 살고 있는데도 말입니다. 나 역시 이 사람 저 사람 다 찾아본 다음에서야 정작 하나님은 제일 나중에서야 찾습니다.

딸아이가 옷장을 온통 뒤지며 무엇인가를 열심히 찾고 찾으며 정리된 옷장을 엉망진창으로 만들고도 끝내 찾지 못해 울상을 합니다. 나에게 물어보면 금방 찾을 수 있을 텐데 끝까지 묻지 않습니다. 나 역시 이것저것 해 보려고 열심히 찾아 헤매지만 정작 하나님께는 끝까지 여쭙지 않고 삽니다.

몸이 좋지 않아 병원을 찾았습니다. 의사 앞에 앉아 이것저것 증상을 말하다 병명까지 내가 말하고 약까지 내가 다 처방을 내리니 의사선생님이 어이없어 나를 바라봅니다. 의사의 처방대로 약을 받으면 되는데 의사가 해야 할 처방까지 내가 다 해 버렸습니다.

　지금까지 이렇게 살았습니다. 내 인생 내가 생각하고, 내가 계획하고, 내가 결정하고, 내가 처방까지 하며 살았습니다. 모든 것이 내가 다 옳은 줄 알았거든요. 모든 것이 내가 다 맞는 줄 알았거든요. 하나님의 처방에 순종하며 살아야 되는데 말이지요.

혹시 줌으로 찍은 건 아니겠지?

생일선물로 받은 핸드폰을 가지고 요리조리 포즈를 취하며 사진을 찍는 딸아이에게 사진 한 장을 부탁했습니다. 찍은 후에 화면을 보니 완전 '떡판'입니다.

"다시 찍어 봐. 이거 얼굴이 완전 떡판이네, 떡판."

다시 포즈를 취하고 최대한 얼굴을 작게 보이려고 손으로 턱을 가리고 머리로 얼굴을 가려보지만 화면에는 여전히 얼굴 가득 찹니다.

"너 혹시 줌 Zoom 으로 찍은 건 아니겠지?"

딱히 보낼 곳도 없으면서 여전히 다시 찍습니다. 마음에 드는 사진이 없습니다. 사진 빨 잘 받던 젊은 날의 모습만 기억하고 지금의 나의 모습에 낯설어 합니다.

나이 들어가면서 사진 찍는 것이 겁이 납니다. 세월의 흐름이 함께 찍히기 때문이겠지요. 숨길 수 없이 드러나는 세월의 더께가 얼굴 가득합니다. 이팔청춘 같은 마음이나 찍혔으면 좋으련만….

아줌마들 사진을 찍으려면 서로 뒤로만 가려고 한참을 옥신각신합니다. 카메라에서 조금이라도 멀어지려는 것이지요. 아무리 애를 써 보아도 '생긴 대로' 나오는 데 말입니다. 마음에 안 들면 맥없는 카메라 탓만 합니다.

그러면서 꼭 잊지 않고 은혜롭게 하는 말씀 한마디!

"사람은 외모를 보거니와 나 여호와는 중심을 보느니라."

이제 좀 철든 아낙처럼 '중심'을 예쁘게 찍으려고 힘 좀 써 보아야겠습니다. '중심'이 아름다운 사람으로 말입니다

껌 좀 씹으셨죠?

이십 대 후반의 텔런트를 닮은 예쁜 젊은 새댁이 교회에 소속되면서 가까워지자 대뜸 저에게 묻습니다.

"학창 시절에 껌 좀 씹으셨죠?"

"그럼, 껌 좀 씹었지!"

"저도 껌 좀 씹었거든요."

듣고 보니 말끝의 뉘앙스가 이상하여 물었습니다.

"어떤 의미로 껌 좀 씹었냐고 묻는 겨?"

"학창시절에 뒷줄에서 좀 놀았다는 말이죠. 모른 척 하시긴."

어허 참, 교회밖에 모르고 교회둥이로 자란 나 같은 범생에게 좀 놀았다니요.

걸걸하고 쬐끔 터프한 제가 좀 놀게 생겼나 봅니다.

가만히 생각해 보니 놀긴 아주 잘 놀았지요. 칠십 년대의 중, 고등학교 학창시절에 갑자기 불어닥친 '심령대부흥회'의 바람에 밀려 부흥회란 부홍회는 거의 다 쫓아다니며 손바닥에 불이 나도록 손뼉을 쳐 가며 찬송을 부르고, 목이 쉬도록 부르짖어 기도하며 성령도 체험하고, 은혜의 강물에서 정말 한껏 잘 놀았더라고요.

아, 옛날 그런 시절이 있었는데 지금의 모습을 보니 참 많이 부끄럽습니다. 무덤덤, 무감동, 뜨뜻미지근! '은혜의 강물'에서 '나태의 강물'로 자리매김한 것 같아 '주님 오시면 나 어떡하나?' 걱정스럽습니다. 다시 한번 '은혜의 강'에서 마음껏 놀아 보았으면 좋겠습니다.

키가 175센티나 되고 한 덩치 하는 '좀 놀았다'는 그 새댁을 만나면 꼭 안부를 묻습니다.

"위 공기 어때요? 아래 공기도 쓸 만한데!"

"위 공기도 쓸 만해요. 아래 공기보다는 좀 더 좋죠!"

그 새댁이 예쁜 딸 낳고 몸조리 중입니다. 몸조리 끝나면 그녀와 함께 '은혜의 강물'에서 껌 좀 씹어 보아야겠습니다.

아들 녀석이 한국 껌 한 통을 누군가에게 얻어 가지고 와서는 방마다 돌면서 인심을 씁니다. 딱딱한 이 나라 껌만 씹다가 몰랑몰랑한 한국 껌 맛을 보니 정신이 없는가 봅니다.

"엄마, 껌 씹으실래요?"

"아니 지금 안 씹을래."

"에이, 옛날에 껌 좀 씹으셨다면서요."

"그럼. 근데 지금은 껌 끊었어."

그랬지요. 소싯적에 껌 좀 씹었지요. 껌만 씹었겠습니까? 본드도 맡아 보았지요. 가스는 아쉽게도 불발로 그치긴 했지만….

학생회와 청년회를 맡아 사역하던 시절에 질경질경 껌만 씹고 다니는 녀석 앞에서는 저보다 더 심하게 질경질경 껌을 씹어 대면 저도 보기 민망한지 슬그머니 껌을 뱉습니다. 본드 맡고 있는 녀석 뒤로 슬그머니 가서는,

"맛있냐? 뽕 간다며? 진짜 뽕 가냐?"

기겁하는 아이 손에서 비닐봉지를 빼앗아 나도 한번 깊이 들어 마셔 보기도 했습니다. 자장면을 함께 먹으며 이런저런 얘기하다 보면 본드 함께 마신 공범이라고 속마음을 얘기하곤 합니다. 그랬던 그런 아이들이 이제는 사십을 넘긴 가장들이 되어 잘 살고 있다는 소식을 듣습니다.

지금은 무엇에 '뽕' 갔는지 몰라도 아무튼 신앙을 떠나지 않았다는 것에 감사할 뿐이지요. 어제가 오늘 같고, 오늘이 내일 같은 이 나라에서 우리도 무엇인가에 좀 '뽕' 갔으면 좋겠습니다.

엉뚱한 것에 '뽕' 가서 헤매지 말고 말씀으로 '뽕', 성령으로 '뽕', 기도로 '뽕' '뽕' 소리가 여기저기 넘쳐 났으면 좋겠습니다.

가려운 곳 긁어 주며 산다는 것이

아무리 손을 이리 꺾고 저리 꺾어 긁어 주기를 해도 가려운 데가 닿지 않아 아이들 손, 남편 손을 빌려 좀 박박 긁어 주기를 기대하며 등을 돌려 대지만 어쩌면 가려운 곳만 쏙쏙 빼 놓고 엉뚱한 곳만 벅벅 긁어 대는지 온 등판에 붉은 밭고랑만 울퉁불퉁 잔뜩 일궈 놓았습니다.

내 등이 태평양처럼 넓디넓은 것도 아닌데 열 손가락을 가지고 두 뼘도 안 되는 등판을 헤매면서도 어쩜 딱 가려운 그 자리만 피해 가며 긁는지 이해가 안 갑니다. 가려움을 견디지 못해 집어 든 것이 바로 '효자손!' 역시 내 손으로 가려운 곳 찾아 시원하게 빡빡 긁어 델 때의 그 시원함이란 사막에서 오아시스를 만난 기분이랄까요?

나이 들면 노부부가 서로 가려운 등 긁어 주며 산다는데 우리 부모님 살아 계실 적에 아버지 손 대신 '효자손'으로 등 긁고 앉아 계시던 우리 어머니를 이해할 것 같습니다.

하나님께서 인간을 만드실 때 조금만 손을 길게 하든지 아니면 등을 조

금만 좁게 만드시든지 하지 하필이면 조금 손이 닿지 않는 부분을 만들어
서리.

　그러면서 깨닫습니다.
　부부가 서로서로 가려운 곳 긁어 주며 산다는 것을,
　이웃이 서로서로 가려운 곳 긁어 주며 산다는 것을,
　서로서로가 가려운 곳 긁어 주며 살아가도록 조금 손이 닿지 않는 곳을
만드셨다는 것을,
　그래서 서로서로를 필요로 한다는 것을….
　저 사람이 긁지 못한 그 자리 내가 긁어 주고, 내가 긁지 못한 그 자리
저 사람이 긁어 준다면 정말 아름다운 세상 만들어 갈 수 있겠지요?
　"제가 등 긁어 드릴까요? 어디가 가려우신가요?

· · · · · · · ·
나, 밥 안 먹어!

삶이 고달픈 것인지 인생이 고달픈 것인지 아니면 목회가 고달픈 것인지 언제부턴가 내 마음 가운데 솟아나는 하나님께 향한 무례한 반항심과 왠지 모를 섭섭함이 절 무척이나 괴롭게 했습니다.

어린 시절 툭 하면,

"나, 밥 안 먹어!"

"그래, 그래. 알았다. 어서 밥 먹어라."

나의 요구 사항을 들어 주셨던 부모님을 생각하며 하나님께 이것저것 좀 떼를 부려 볼 심산으로,

"나, 밥 안 먹어!"

하루하고 반나절을 생짜로 쫄쫄 굶어 보았습니다. 금식한다면 은혜로 배고픔도 넘어갈 수 있었을 텐데 꼴통 부리며 생짜로 하는 '굶식'이기에 어찌 그리 오장육부가 뒤틀리고 배가 고프든지, 견디다 못해 침묵하시는 하나님 앞에 양푼이 비빔밥을 만들었습니다.

"치이~, 우리 아부지는 안 그랬는데."

툴툴거리며 나 홀로 투쟁을 말없이 접고는 '응답이 없을 땐 눈물이 응답이다.'라는 마음으로 눈물로 국물 삼아 한 양푼을 다 비웠습니다.

가련한 인생이 하나님께 힐문한들 무엇하며 꼴통 부려본들 무슨 소용이 있겠습니까마는 괜스레 투정부리며 하나님께 맞짱 떴다가 몸만 축내고 나만 쫄쫄 굶은 거지요, 뭐. 침묵으로만 일관하시는 고집불통 하나님이 야속하긴 해도 그래도 하나님은 내가 왜 그러는지 다 아실 겁니다. 그런데 가끔은 '금식' 아닌 '굶식'도 할 만하더군요.

꼴통에 고집불통인 나를 새삼 돌아보게 하시고, 내가 소망하고 내가 그렇게 하고 싶었던 일들을 살포시 내려놓고 이제는 부족한 나를 통해 하나님께서 하실 일들을 바라보게 하시니까요. 배고픔 속에 깨달은 '내려놓음'의 진한 훈련이었습니다.

빙초산과 소주가 만나니

발톱 무좀에도 탁월한 효과가 있다는 말에 귀가 솔깃하여 한번 도전해 보기로 했습니다. 근 이십 년 가까이 발톱 무좀 때문에 성한 발톱이 하나도 없는 저에게는 아주 놀라운 희소식이 아닐 수 없습니다. 위가 그리 썩 좋지 않아 독한 무좀약도 못 먹고 지나온 오랜 세월이있습니다.

"여기 소주 두 병이요! 나도 이렇게 고쳤어요."

빙초산은 사다 놓고 차마 소주를 사지 못한 저에게 고맙게도 집사님 한 분이 소주 두 병을 건네줍니다. 소주 사다 주는 집사! 고맙게 덥석 받는 사모! 소주병을 주고받으며 박장대소를 합니다.

발에 상처가 있으면 무지 아프다는 말에 일주일을 신주단지 모시듯 두

발을 잘 모셨습니다. 드디어 날을 잡고 빙초산과 소주 한 병을 붓고 조심스레 발바닥을 넣어 봅니다. 빙초산과 소주가 만나니 냄새가 장난 아닙니다. 한 시간은 섭섭한 것 같아 십 분을 더 넣고 있었습니다. 빙초산과 소주의 맛이 발바닥을 통해 온몸으로 전해 오는 듯합니다. 정성스레 물로 발을 씻고 드라이기로 뽀송뽀송 말리기까지 했습니다.

그런데 시간이 지날수록 발바닥뿐만 아니라 열 발가락까지 온통 벌겋게 불에 덴 것처럼 쓰리고 아리고 말로 표현하기 어려울 정도로 아픕니다. 밤새도록 쓰리고 아파도 이 아픔이 지나고 나면 무좀 없는 새 발바닥, 새 발톱 생긴다는 아주 큰 기대감 때문에 끽소리 못하고 밤을 꼬박 샜습니다. 이 아픔이 지나고 나면 무좀 없는 새 발이 된다는데 이것쯤이야 좀 못 참겠습니까? 어찌 고통 없이 새 발을 기대하겠습니까? 한 번 더 담그라시면 한 번 더 담글 수도 있지요. 절뚝거리며 걷는 나의 모습을 보고 남편이 말을 합니다.

"고통 없는 영광 없고, 아픔 없는 성숙 어디 있으리?"

"그러게요. 고통 없는 영광 어디 있고, 아픔 없는 성숙 어디 있을라고요."

차츰차츰 벗겨지는 발바닥 껍질 속에 어린아이 같은 속살이 살포시 보입니다. 평생 걸었던 발바닥 한 꺼풀이 고통 뒤에 훌러덩 벗겨졌습니다. 발바닥 무좀이 한방에 끝났습니다. 훌러덩 벗겨진 발바닥을 보면서 나도 좀 이렇게 훌러덩 옛사람 벗어 버리고 새 사람이 되었으면 하고 소원해 봅니다.

뜨거운 밤! 끝내 줍니다!

아이들이 야외 수업을 간다기에 이른 아침부터 김밥을 싸서 보내고는 남은 조각을 주워 먹으며 스스로 감동을 합니다. 거의 아점을 먹는 나로서는 오랜만에 이른 시간에 먹는 아침식사는 다른 때보다 훨씬 맛있고 포만감이 넘칩니다. 빵빵하게 배를 채우고 한 잔의 따끈한 드립 커피로 마무리까지 했습니다.

그런데 세상에!! 사순절 시작되는 첫날! 사순절 기간 동안 아침 금식을 작정했는데 김밥에 그만 눈이 멀고, 마음도 멀고, 입까지 미쳐서 빵빵하게 배를 채우고 말았으니 이를 어쩌지요? 하루 종일 무엇인가 찜찜합니다. 그러다 문득 성령의 감동인지 나의 양심인지 아주 기특한 생각을 했습니다.

"이스라엘 백성들은 사흘 갈 길을 사십 년을 돌아갔는데 나는 한 끼 금식 잊은 대신에 사십 일 철야기도를 하자."

그날, 늦은 저녁에 기도 제목 한 보따리, 이불 한 보따리 안고 전기장판까지 챙겨서는 교육관 강대상 앞에 자리를 폈습니다. 기도하기 전에 전기장판에다 이부자리부터 펼쳐 놓으니 기도하러 온 것인지 캠핑 온 것인지 구분이 안 됩니다.

첫째 날, 둘째 날, 그 다음 날, 그 다음다음 날, 자다가도 벌떡 일어나 기도하던 처음 며칠은 은혜로웠는데 하루하루 가면서 기도보다 잠자는 시간이 점점 길어집니다. 사십 일 철야기도를 한다고 아이들에게 큰소리치고 "당신 없으면 옆구리 시리다."는 남편도 뿌리치고 나선 길인데 쿨쿨 잠만 잘 순 없습니다. 정신을 차리고 열심히 기도를 올립니다. 그러다 눈을 떠 보면 어느새 이불 속에 들어와 있고, 그러다 눈을 떠 보면 어느새 벌러덩 누워 자고 있습니다.

"주여, 어찌 하오리이까 마음은 원이로되 육신이 약한 것을…."

그래도 저는 매일 밤 행복합니다. 하나님과 뜨거운 밤을 보내고 있거든요. 좋으신 우리 하나님께서는 제가 잠들어 있어도 토닥토닥 등 두들겨 주시며 귓가에 속삭여 주십니다.

"괜찮아. 나는 내가 사랑하는 자에게 잠을 주거든."

행복해지고 싶으세요? 하나님과 뜨거운 밤을 보내 보세요. 끝내 줍니다!

숨쉬기 운동 계속하게 하심에 감사

115세까지 장수하신 네덜란드 할머니 헨드리케 반 안델에게 기자가 물었습니다.

"음, 계속 숨을 쉬면 되지."

우리 집에도 이와 비슷한 한 남자가 있습니다. 늘어나는 몸무게와 늘어나는 배둘레헴을 보고

"운동 좀 하지 그래요?"

면박을 주면 그리 어렵지 않다는 듯이 대답을 합니다.

"음, 숨쉬기 운동 계속 하고 있어."

얼마 전, 비가 부슬부슬 내리는 저녁에 우리 집 남자가 웬일로 운동을 하겠다고 운동복 차림으로 학교 운동장으로 뛰어갑니다. 운동이라면 그야

말로 '숨쉬기 운동'만 하는 사람이 운동을 한다기에 참 기특하다 생각했지요.

"운동장 네 바퀴 돌고 왔어."

한참 후에 겨우 운동장 네 바퀴 돌고 들어 와서는 무슨 개선장군마냥 어깨에 힘주고 땀인지 빗물인지 흠뻑 젖어 들어 왔습니다. 이런 내 남자를 위해 몸보신으로 곰국까지 끓여 바쳤습니다.

그런데 하루 이틀, 일주일이 지나도 운동할 생각을 안 합니다. 틈만 나면 책상에나 침대에 비스듬히 누워 책만 보고 있는 남자가 못마땅하여 들락날락 하다가 한마디 던집니다.

"운동장이라도 몇 바퀴 뛰고 오지 그래요?"

"음, 일주일 전에 운동장 네 바퀴나 돌았어."

"운동 좀 하지 그래요?"

"음, 한 달 전에 운동장 네 바퀴나 돌았어."

두서너 달이 지나도 '운동장 네 바퀴'를 외치고 있습니다. 오늘까지 '숨쉬기 운동'만 계속 쉬지 않고 하고 있으니 아마 족히 115세까지는 거뜬히 살 것 같습니다. 그래도 '숨쉬기 운동'이라도 계속하니 얼마나 다행입니까? 그저 오늘도 숨 쉬며 살아가게 하신 하나님께 감사를 드려야겠지요.

하나님 아버지, 아무튼 잘 먹었습니다

'요강도 깨뜨린다'는 효능을 가진 복분자, 일명 산딸기! 옆집에서 슬그머니 우리 집 담장 타고 줄기 뻗어 오던 넝쿨이 어느 날 아침, 까맣게 익은 열매가 되어 빛을 발했습니다.

젊은 아낙들이 복분자를 먹으면 '요강도 깨뜨린다'는 말 믿고 자기 신랑들 먹여 보려고 군침 삼키며 한 알, 두 알 슬그머니 손 안에 움켜쥐고는 좋아라 합니다.

그러던 어느 날, 가을 한가운데로 들어서니 이것도 끝물이어서 그런지 유난히 눈에 띕니다. 한 움큼 따고서 토실토실한 빛 알을 골라 닐름닐름 맛있게도 주워 먹었습니다.

"나도 남편 좀 먹여 볼까나." 하고 햇볕 잘 드는 탁자 위에 몇 알 살짝 올려놓고 남편에게 다녀와 보니 이게 웬일입니까? 알갱이 속에 숨어 있던 애벌레들이 기어 나와 알갱이마다 한두 마리씩 꿈틀대며 일광욕을 즐기고 있었습니다.

"으아악!"

나의 외마디 소리에 뛰쳐나온 남편! 상황파악을 얼른 하더니 한마디 합니다.

"피가 되고 살이 되는 고단백질을 혼자 생으로 잘 잡수셨구먼."

그럼 지금 내가 저 벌레를 몇 마리나 생으로 먹었다는 겁니까? 갑자기 속이 메슥메슥, 목구멍이 간질간질, 귓속이 스물스물거립니다. 수고도 아니하고, 길쌈도 아니하고, 심지도 아니하고 공짜로 앉아서 영양보충을 했다는 말이지요. 그것도 고단백질로 말입니다. 교회 가족들, 어린아이부터 어른에 이르기까지 한 주먹씩은 다 먹었을 텐데 이런 식으로 교회 가족들 영양보충시켜 주신 자상하신 하나님께 그래도 감사를 드렸습니다.

"하나님 아버지, 아무튼 자알 먹었습니다."

목사님, 왜 기도하다 말아요?

"태초에 천지를 창조하신 전능하신 아버지,

… 만나와 메추라기를 먹이시고, …

보리떡 다섯 개와 물고기 두 마리로 오천 명이 먹고도

열두 광주리 가득 남게 하신 거룩하시고

전능하신 아버지 하나님 주여,

어서 오시옵소서.

그때까지 강건케 하시고,

주 예수여, 어서 오시옵소서."

식사 기도가 끝날 때만 기다리지만 우리 어머니의 식사 기도는 창세기부터 시작하여 구약을 거쳐 신약을 지나 요한계시록 '마라나타'에 이르러서야 끝나나 싶지만 여전히 둘러앉은 가족들 이름을 하나하나 불러가며 다시 도는 기도는 밥이 식고 국이 식어갈 때쯤에서야 끝이 납니다.

"엄마, 제발 식사기도 좀 짧게 하세요. 배고픈 사람 굶어 죽겠네. 우리도 따뜻한 밥 좀 먹어 봅시다."

긴 기도 때문에 밥이 식고 국이 식은 것은 전혀 개의치 않으시는 우리 엄마입니다.

얼마 전, 이제 막 다섯 살 생일을 지내고 학교에 갓 들어간 재민이가 우리 집에 왔다가 함께 밥을 먹었습니다.

"맛있는 것 주셔서 감사합니다. 잘 먹겠습니다. 예수님의 이름으로 기도드립니다. 아멘"

모두가 막 수저를 드는 순간 재민이 한 말씀하십니다.

"목사님, 왜 기도하다 말아요?"

외할아버지 할머니가 장로님, 권사님이시다 보니 이 녀석도 필경 할아버지 할머니로부터 밥 먹을 때마다 '태초부터 시작하여 요한계시록까지' 긴 기도 여행을 많이 하고 자란 게 틀림없습니다. 재민이에게는 할아버지, 할머니 기도보다 짧으면 '기도는 하다만 것'이 되는 거지요.

저도 하다만 기도들이 참 많이 있습니다. 모두 모아서 긴 기도 여행을 떠나야겠습니다. 창세기부터 시작하여 요한계시록 찍고! 세계 열방을 가슴에 품고 지구 구석구석 찾아 돌면서 말입니다.

우리도 한번 힘차게 굴려 봅시다!

"아무것도 두려워 말라, 주 나의 하나님이 지켜 주시네.
놀라지 마라, 겁내지 마라, 주님 나를 지켜 주시네."

고등학교에 입학하는 딸아이가 학교 갈 날이 점점 가까워 오자 매일 같이 하루에도 몇 번씩 부르는 찬양입니다. 새로운 학교에 새로운 친구들을 만난다 생각하니 겁이 나고 걱정스럽고 두려운 것이지요. 이 찬양을 부르면 두려운 마음이 없어진답니다. 그래서 어제도 부르고 오늘도 부릅니다. 아니 매일같이 부르고 또 부르고 또 부릅니다.

"야, 넌 그렇게 믿음이 없냐? 그 찬양을 매일같이 부르면서도 계속 걱정한다면 그게 믿음이냐?"

옆에 있던 아들 녀석이 핀잔을 줍니다. 그래도 다음 날이면 또 부릅니다. 찬양을 하면 용기가 생기는 것 같은데 시간이 지나면 또 걱정스럽다는 것이지요.

"너의 길을 여호와께 맡기라 ^{시 37:5}. 여기서 '맡기라'는 히브리어 원어로 '굴리다'라는 뜻인데 여러분의 모든 근심과 걱정, 인생의 여정까지도 하나님께 다 굴려 보내시기 바랍니다."

수요 설교 말씀에 은혜를 받았나 봅니다. 다음날 학교에 다녀온 딸아이가 말합니다.

"엄마, 내 걱정을 하나님께 다 굴렸더니 오늘 학교에서 마음이 편해졌어요."

역시 사람은 하나님의 말씀으로 살아야 된다니까요. 매일같이 들리던 그 찬양이 들리지 않습니다. 정말로 하나님께 다 굴렸나 봅니다. 모든 근심과 걱정과 두려움들 돌돌돌 말아서 우리도 한번 하나님께 힘차게 굴려 봅시다.

돌돌돌돌! 들들들들!

Look at me!

저녁 초대가 있어 어둑해진 골목길을 가는데 운전하는 남편의 머리가 '우로 봐!' 자꾸 돌아갑니다. 남편의 시선 따라 고개를 돌려 보니 노랑머리 나풀거리며 한 여인이 길을 걸어가네요. 저와 비교가 안될 만큼 키 크고, 늘씬하고, 롱 코트는 펄럭펄럭, 살짝살짝 속살까지 내 보이며 걸어가는 모습이 제가 보아도 참 아름답습니다. 제 남편도 그 여인이 아름답게 보였겠지요. 남편의 고개가 또 돌아갑니다.

"Look at me!! 뭘 봐요. 날 좀 보시라고요!"

"아니 뭐가 펄럭펄럭 하기에 무엇인가 하고 본 거지."

"아, 그러세요? 당신이 펄럭거리는 거 좋아하는 줄 미처 몰랐네요. 태극기가 바람에 펄럭입니다. 펄럭펄럭, 어때요? 이 노래는?"

어이없어 피식 웃으며 당황스러워 하는 남편 모습을 보니 아주 깨소금 맛입니다.

"남의 여자 쳐다본들 무슨 소용 있으리요."

남편 골리는 것이 취미인 저의 놀림에 아주 죽을 맛이겠지요. 그러면서 제 마음에 울리는 소리 하나 있습니다. 하나님을 바라보고 산다 하면서도 펄럭거리는 세상의 잡다한 것들을 쳐다보고 사는 저에게 면박주시며 하시는 말씀,

"Look at me! 야야, 너나 나 좀 보고 잘 살아라."

"그래요, 하나님! 참 죄송합니다. 쳐다보지 말아야 할 것들을 마냥 쳐다보며 때론 좋아하고, 때론 실망하고, 때론 낙심하고 좌절하면서 이렇게 오늘까지 왔네요. 날마다 저에게 크게 말씀해 주세요. Look at me! 나 좀 쳐다봐라!"

행복은 바로 나를 포기할 때

마음이 꿀꿀하여 집안 정리를 좀 하려고 서랍장을 열어 보니 수두룩 약 봉투들이 즐비하게 나옵니다. 벌써 날짜가 지나 먹지 못하는 약인데도 뭐가 그리 아까운지 버리지 않고 쌓아 둔 약 봉투들입니다. 봉투를 보니 모두 내가 먹어야 했던 약들입니다. 삼 일치 약을 처방 받아 와서는 하루 반나절 먹고 좀 괜찮다 싶으면 더 이상 먹지 않았기 때문에 쌓인 약들입니다. 끝까지 약을 먹어 본 적이 거의 없습니다.

샴푸도 치약도 제 스스로 끝까지 깨끗하게 써 본 기억이 거의 없습니다. 떨어질 듯하면 새로 사 와서는 저 혼자 기분 좋게 꾹 눌러 씁니다. 조금 남은 샴푸 물로 헹궈 쓰는 사람은 남편이고, 조금 남은 치약 싹싹 훑어 쓰는 사람은 딸아이입니다.

언제나 조금 남는 것은 언니들 몫이었고, 언제나 새 것은 내 몫이었습니다. 나이든 부모님께 막내로 태어난 특권이었습니다. 나이 들면 고쳐질까

했는데 여전히 오늘 아침에도 새 치약을 가운데 푹 눌러 기분 좋게 썼습니
다.

가끔 딸아이가 말합니다.

"엄마, 치약 싹싹 훑어 놨으니까 위에 눌러서 쓰세요."

가끔 남편이 말합니다.

"여보, 샴푸 새 것으로 꺼내 놨으니까 새 것 써."

모든 가족이 포기하고 이제는 저를 섬겨 줍니다.

남편이 제 버릇 고쳐 보려고 잔소리 꽤나 했는데 그게 어디 하루아침에 고쳐지나요? 지금은 포기하고 새 것으로 섬겨 주니 포기한 자나 섬김을 받는 나나 모두 행복해졌어요. 행복은 바로 나를 포기하고 섬길 때 오는 것이라 생각하며 나 혼자 행복해 합니다.

저도 양심이 있는지라 가끔은 샴푸통도 물로 헹궈 쓰고, 치약도 싹싹 훑어 놓기도 합니다. 섬김을 받는 사이 제 버릇이 조금씩 고쳐진 거지요. 사람의 못난 버릇도 변화시키는 것은 '섬김'에서 오는 것임을 저를 보면서 새로이 깨닫습니다.

이거 드시면 좋아질 겁니다

머리가 어질어질 속이 매슥매슥 꼭 첫아이 입덧하듯이 영 몸이 좋지가 않아 병원에 가서 피검사를 했습니다. 주사바늘만 보면 경기를 일으키는 나로서는 피검사를 한다는 것은 대단한 일입니다.

"안 아프게 해 주세요. 몇 병 뽑는 거예요? 왜 이렇게 많이 뽑아요? 주먹은 펴요 아니면 더 꼭 쥐어요? 에이그 아파라."

궁시렁거리며 애써 모은 피 다 빼는 것 같아 머리가 빙빙 더 어지럽습니다. 며칠 후 빈혈이라는 결과가 나왔습니다. 철분 수치가 너무 낮아 약으로는 빨리 치료가 안 되니 주사를 맞아야 한답니다. 주사 소리에 도수 안 맞는 안경 쓴 것처럼 머리가 더 빙빙 도는 것 같습니다. 주사 공포증은 나이가 들어도 여전합니다. 엉덩이 이쪽저쪽 돌아가며 철분제 여덟 대를 맞고 나니 시퍼런 멍으로 쑥밭이 되었습니다. 쇠고기 스테이크를 많이 먹으랍니다. 매일 한 알씩 먹으라는 약 처방도 받아 왔습니다. 매일 한 알씩 부지런히 약을 먹습니다. 한 알 두 알, 먹는 동안 어지럼증도 사라져 갑니다. 울렁거림도 사라져 갑니다. 기분도 나아집니다.

그런데 요즘 사는 것이 바쁘고 힘들다 보니 영적 빈곤으로 어지럼증에 걸려 있는 영적 빈혈 환자들이 많다고 합니다. 제대로 말씀에 서 있지 못해 휘청거리고, 제대로 믿음에 서 있지 못해 빙빙 돌고, 제대로 분별하지 못해 헤매는 어지럼증 환자들! 하나님의 약 처방이 내려집니다.

"구약은 하루에 두 알 반을 드시고, 신약은 하루에 한 알 정도 드세요. 매일같이 이거 드시면 안 어지러울 겁니다."

· · · · · ·
당하기 전에

며칠 전부터 병원에 가자는 딸아이의 재촉을 들으면서도 이래저래 미루다가 병원을 찾아 나섰습니다. 손바닥에 큼직하게 솟아난 티눈이 글씨를 쓸 때마다 아프다는 겁니다. 그것보다 친구들이 병원에서 드라이아이스로 티눈이나 사마귀를 얼린다는 얘길 듣고 호기심 많은 아이가 자기도 해 보고 싶은 마음에 자꾸 조르는 것을 저는 이미 잘 알고 있습니다.

잘라 내도 자꾸 솟아오르는 티눈이 괴롭긴 하겠지요. 의사의 손길을 따라 드라이아이스가 서너 번 오가자 딸아이의 표정을 보니 꽤나 아픈 것 같습니다. 괜히 왔다는 표정입니다. 모를 때는 해 보고 싶어 안달하더니 하고 나니 후회가 큰 가 봅니다.

들여다보고 들여다보더니 일주일 후에 다시 오라던 의사의 말을 거역하고 제 스스로 잘라 내기 시작합니다. 병원 가자는 얘기는 쏙 들어갔습니다. 아무 말이 없습니다.

"병원 가서 한 번 더 드라이아이스로 하지 그러니?"

놀려 대면 아이가 펄쩍 뜁니다. 사람은 누구나 한번 당해 보아야 아나 봅니다. 경험하지 않고서는 도통 말을 안 듣습니다. 된통 뜨거운 맛을 봐야 들을까 말까 하는 거죠. 우리도 당하기 전에, 뜨거운 맛보기 전에, 우리 하나님 좋은 말로 할 때 돌이킬 것 돌이키고, 버릴 것 버리고, 끊을 것 끊고 돌아서 봅시다.

딸딸이와 똘똘이

'응답이 없을 때는 아내의 말을 들어라.'라는 진리의 말씀이 있습니다. 태초에 하나님께서 남자를 먼저 만드시고 그 후에 외롭고 허전한 남자를 도우라고 남자를 돕는 배필로 여자를 만들어 주셨습니다.

상식적으로 생각해 볼 때 딸딸한 사람이 남을 돕겠습니까? 똘똘한 사람이 남을 돕겠습니까? 그렇다면 태초부터 하나님께서 남자를 만드실 때 여자의 도움을 받고 살라고 남자를 조금 딸딸하게 만드셨다는 것이지요.

이런 이야기를 하면 우리 집 '딸딸이우스'는 콧방귀도 안 뀌고 피식 웃습니다. 그러나 어쩐답니까? 태초부터 그렇게 지음 받은 것을요. '테리우스'를 꿈꾸는 모든 '딸딸이우스'들은 펄쩍펄쩍 뛸 일이지만 어쩔 수 없이 결론은, 남자는 딸딸, 여자는 똘똘! 이 '딸딸이와 똘똘이'의 학설은 성경이 증명하고, 저명하신 창조과학회 교수도 말씀한 바 있습니다.

그런데 놀랍게도 천지창조의 질서를 무시하고 우리는 항상 남자가 여자를 돕는 배필이라 여기고, 여자보다 목소리 조금 더 큰 남자와 여자보다 힘이 조금 더 센 남자가 여자를 돕는다고 생각하며 살아갑니다. 그런데 세상을 살다 보니 조금 똘똘하면 어떻고 조금 떨떨하면 어떤가 하는 생각이 듭니다. 잘나면 잘난 대로 못나면 못난 대로 살면 행복인 것을….

그래도 조금씩만 '난 떨떨하다.' 생각하고 살면 좀 더 마음 편하고 좀 더 행복할거라 생각이 드네요. 그래서 오늘은 저부터 좀 떨떨하게 살아 보려고요. 창조질서에 어긋나는 건 아니겠죠?

와! 당신 팔뚝 끝내 준다

얼마 전부터 플루트를 배우기 시작한 딸아이가 버벅대며 불어 대는 것을 본 플루트 선생님이 분에 넘치게 딸에게 해 준 칭찬입니다. 그날 밤, 12시가 넘어서도 플루트 소리가 들리고, 다음 날 이른 아침부터도 플루트 소리가 들리고, 하루 종일 플루트 소리가 끊이지 않습니다. "칭찬은 고래도 춤추게 만든다."고 칭찬을 듣고 나니 신바람이 난 모양입니다.

"당신 설교는 설교가 아니라 신학 강의 같아서 성도들의 심령을 쪼개고 남을 수 있겠어요?"

처음 목회 시작할 때 주일 설교를 마치고 나오는 남편을 향해 항상 지적을 하고, 은혜가 되느니 안 되느니 기를 팍팍 죽였습니다. 그러던 어느 주일, 성령께서 나에게 기특한 생각을 주셔서 설교 마치고 나오는 남편을 향해 엄지손가락을 힘껏 치켜세우고 말했습니다.

"오늘 설교 끝내 주었어요!"

'칭찬은 위대한 대통령, 역사를 새로 쓰게 만든다.'고 칭찬 한마디에 남편의 걸음걸이가 달라졌습니다. 칭찬 한마디에 쳐졌던 어깨에 힘이 들어갔습니다. 칭찬 한마디에 역사를 새로 써야 할 만큼 그 후로 남편의 설교는 나에게 명 설교가 되었습니다.

'칭찬은 만병통치약이다. 칭찬으로 안 낫는 병 없다.'고 혹시나 옆에 고질병에 걸린 사람 있습니까? 칭찬을 바가지로 해 보십시오. 싹 고쳐집니다.

"그래, 당신 팔뚝 굵어."

비꼬기보다는

"와! 당신 팔뚝 끝내 준다."

해 보세요.

칭찬은 '고질병'을 '고칠 병'으로 변화시켜 줍니다.

에그, 쪽 팔려

쇼핑몰을 막 나서려는 데 은빛 동전 하나와 구리 동전 하나가 빛을 내며 바닥에 턱 하니 떨어져 있습니다. 주울까 말까 망설이다가 은빛 동전을 집었습니다. 그런데 이 은빛 동전이 바닥에서 떨어지질 않습니다. 다시 구리 동전을 집으려고 허망한 손짓을 해 댑니다. 아뿔싸! 시멘트와 함께 붙여 논 동전이었습니다. 빈손으로 일어서는 데 얼굴이 화끈거립니다. 돈에 눈이 먼 것도 아닌데 졸지에 떨어진 동전에 눈독을 들인 돈독 오른 여자가 되어 버린 기분입니다. 얼른 CCTV 있나 살펴보았습니다. 두 대나 정확히 나를 향해 있습니다.

'으으, 쪽 팔려!'

어느 날, 그곳을 지나가다 한번 지켜보았습니다. 나처럼 돈을 주우려고 구부리는 사람이 있나 하고요. 모두가 눈이 멀었는지 그냥 지나칩니다. 분명 반짝반짝 훤히 보이는데 눈 뜬 장님 아니고서야 어떻게 한 명도 그것을 주우려고 앉지 않는단 말입니까?

나만 완전히 속물 같아 보입니다. 그냥 갈 것을 괜스레 지켜보았다가 마음만 더 상합니다. 안 겪어 본 사람은 얼마나 얼굴 팔리는 일인지 모릅니다. 이제 나도 속물답지 않게 눈 뜬 장님으로 살아 보아야겠습니다. 보아도 못 본 척, 못 보아도 본 척!

그러면서 속삭이는 자근자근 음성 하나 들려옵니다.

"너는 그것 때문에 얼굴 팔리냐? 나는 너 때문에 쪽 팔려 죽겠다. 내가 누구냐? 명색이 우주만물을 창조하신 창조주 아니냐? 너는 그런 나의 자녀고. 이 하나님 아버지 쪽 팔리지 않게 자녀답게 좀 잘 살아 보거라. 아버지 얼굴에 똥칠하면 내가 얼마나 쪽 팔리겠냐? 사는 게 그게 뭐꼬?"

이것이 다이아몬드라면?

팔각으로 예쁘게 다듬어진 아기 주먹만 한 크리스탈 다이아몬드 장식품을 손에 들고 만지작거리던 아들 녀석이 진짜 다이아몬드가 아님을 아쉬워하듯 말을 합니다.

"야, 물로 포도주를 만드신 하나님이신데 붙들고 기도해 봐. 알아? 크리스탈이 변하여 다이아몬드가 될지?"

엄마다운 말이라 생각되는지 나를 어이없이 쳐다봅니다. 엄마 말을 우습게 아는 녀석에게 한 말씀합니다.

"야! 세상을 살아가면서 두 여자 말만 잘 들으면 인생 가는 길이 편하다고 했어. 그 한 분은 위대하신 어머니이시고, 그 또 한 분은 내비게이션 여자거든. 그러니 이 위대하신 엄마 말씀대로 한번 해 봐."

"주여! 이 유리가 변하여 다이아몬드가 되게 하옵소서."

엄마가 유리 다이아몬드 붙들고 기도하는 사태가 벌어질까 봐 다이아몬드를 들고 잽싸게 제 방으로 도망갑니다.

그렇습니다. 일이 잘 풀리고 돈 좀 있으면 금수강산이요, 일이 꼬이고 돈 떨어지면 적막강산인 이민 생활에서 많은 기적을 바라며, 이루어질 수 없는 일들을 기도로 인내하며 여기까지 왔습니다. 때로는 절망과 낙심 속에서 소망을 발견하고, 때로는 실망과 좌절 속에서 감사를 회복하고, 때로는 외로움과 고독 속에서 하나님을 깊이 만나며, 엎어지고 자빠지고 넘어지면서도 다시 한 번 일어서는 기적 같은 일들을 수없이 겪고 살아가는 우리네입니다.

오늘도 살아 있음이 기적인 우리의 삶입니다. 유리가 다이아몬드로 바뀌지 않는다 하더라도 은도끼가 금도끼로 변하지 않는다 하더라도 두 여자의 말이 아닌 하나님의 말씀에 귀 기울이고 살아간다면 분명히 마음 편안한 기적 같은 삶을 늘 살 수 있을 겁니다.

꿈꾸는 자만이 이룰 수 있다

"2022년 2월 22일, 2시 22분에 우리 모두 만나자.
어디에 있든, 무엇이 되었든, 무얼 하든
우리가 어디에 살고 있든지 간에 그날 우리 집에서 꼭 만나자!"

고등학교를 졸업하고 미국으로, 독일로, 한국으로 공부하러 떠나는 아들 친구들과 함께 점심식사를 하던 남편이 뜬금없이 말을 합니다. 제 각자의 꿈들을 가지고 흩어지는 어린 청년들을 그냥 보내기가 몹시 서운했는지 즉석에서 제안한 의견에 모두가 흔쾌히 동의하며 10년 후 그날을 약속했습니다.

"좋아요. 10년 후의 우리들의 모습이 어떻게 달라졌는지 우리의 꿈들이 어떻게 이루어졌는지 꼭 보고 싶어요."

승재는 의사의 꿈을, 범준이는 엔지니어를, 현곤이는 파일럿을, 준원이는 목회자를, 명수는 경제학자를, 혁이는 건축가를, 동현이는 회계사를, 한빈이는 의사이자 목회자를, 이렇게 모두모두 그 꿈을 이루기를 소원하며 기도했습니다.

파란 잔디밭을 뛰며 사진을 찍고, 갖은 포즈를 취해 가며 추억을 찍고, 함께 부둥켜안으며 우정을 찍고, 꿈꾸는 어린 청년들의 미래를 찍고, 꿈꾸는 어린 청년들의 희망을 찍었습니다. 꿈꾸는 요셉과 같이 고난 가운데서도 형통케 하시는 하나님의 축복이, 하나님의 은혜가 보였습니다. 뜻을 정한 다니엘과 같이 어린 청년들을 통하여 꿈을 이루시는 하나님의 섭리가 보였습니다. 저들을 통하여 하나님께서 행하실 일들이 보였습니다.

그래요. 꿈꾸는 자만이 그 꿈을 이룰 수 있습니다. 꿈꾸는 자만이 고난을 이길 수 있습니다. 꿈꾸는 자만이 고통을 이길 수 있습니다. 꿈꾸는 자만이 미래가 내 것이 될 것입니다. 꿈을 꾸세요. 아직도 늦지 않았습니다!

밥이 뭔지

유학 온 아들을 따라 한국에서 금방 입국한 집사님 한 분이 주일 예배에 참석한 후 한 말입니다. 늘 이곳은 외진 곳이어서 사람들이 못 찾아온다, 한국 사람들이 좋아하는 지역이 아니라서 한국 사람들이 별로 없다고 하면서도 하나님께서 이 지역을 우리에게 맡기셨다 생각하고 묵묵히 이곳을 지키고 있었는데 그래도 이렇듯 어쩌다 한 가정씩 찾아오는 것을 보면 참 감사합니다.

그 집사님은 중학교 때부터 할아버지가 목회하시는 교회에서 반주를 맡아 하다가 대학에서 피아노를 전공하고는 전문 반주자로 교회를 섬겨오던 신실한 집사였습니다. 하나밖에 없는 아들을 위하여 공무원인 남편의 박봉을 모아서 아들을 데리고 유학 온 유학생 엄마 신분입니다. 교회

가까운 곳에 자리 잡은 집사님은 재미없고 답답한 이 뉴질랜드 생활을 나름 즐기며 적응을 잘합니다.

"집에만 계시니까 답답하지 않아요?"

"괜찮아요. 한국에서도 집에서 꼼지락거리는 편이고, 교회 아니면 집에만 있어서 별 다를 바 없어요."

저와 사뭇 다릅니다. 저는 처음 이곳에 왔을 때 머리 뚜껑이 열렸다 닫혔다 죽는 줄 알았습니다. 영어는 안 되죠, 아는 사람 없죠, 문화생활도 없죠, 아이들과 남편과 24시간 붙어 있어야 하죠, 뭐 좀 하려고 하면 쇼핑센터는 훤한 낮에 문 닫아 버리죠, 저녁 문화 없죠, 갈 데 없죠. 한국에서 정신없이 바쁘게 살다가 갑자기 나에게 주어진 한가한 시간을 어떻게 써야 할지 방황했습니다. 바쁘게만 살았지 여유를 즐길 수 있는 훈련이 안 되어 있었던 거지요.

혼자서도 잘 놀고 지루하다는 말도 없이 음악 듣고, 성경 읽고, 집 아니면 교회만 오고 가는 그 집사님을 보며 화성에서 온 여인이 분명하다고 생각했습니다. 그런데 이 여인이 하루도 거르지 않고 하는 일이 있습니다. 매일 아들을 데리고 온 동네를 서너 바퀴씩 돌고, 줄넘기를 이삼천 개씩 아들에게 죽어라 시키는 일입니다. 왜냐하면 그녀의 아들이 좀 살이 많이 쪘거든요. 그러기를 서너 달이 지나자 아들이 입을 옷이 없다고 합니다. 너무 살을 빼서 옷들이 커서 입을 수가 없다는 것입니다. 아들을 영화배우 저리 가라 핸섬하게 만들어 놓았습니다. 그녀의 수고하고 애씀은 한가지입니다.

"하나밖에 없는 아들! 공부 좀 못하면 어때요? 그래도 부모로서 공부는 시켜야 하고, 건강해서 나중에 우리가 없더라도 홀로 서서 살아갈 수 있게는 해 주어야죠. 밥은 먹고 살아야 하잖아요?"

밥! 그러게요. 그 밥이 뭔지!

"밥은 먹고 일해라, 밥은 먹고 공부해라, 밥은 먹고 쉬어라, 밥은 먹고 자라, 밥은 먹고 놀아라, 밥은 먹고 가라, 밥은 먹고 사냐?"

늘 듣고 자랐고, 이제는 늘 우리가 아이들에게 하는 말입니다. 밥을 위해 살아가는 우리 인생입니다. 우리의 부모님들도 자식 밥 안 굶기려고 모진 세월들을 사셨고, 부모 된 우리들도 자식 밥 안 굶기려고 수고하고 애쓰며 살아갑니다. 그 밥 한 그릇을 위하여….

문득 장석주 시인의 "밥"이라는 시가 생각납니다.

귀 떨어진 개다리소반 위에

밥 한 그릇 받아 놓고 생각한다

사람은 왜 밥을 먹는가

살려고 먹는다면 왜 사는가

한 그릇의 더운 밥을 얻기 위하여

나는 몇 번이나 죄를 짓고

몇 번이나 자신을 속였는가

밥 한 그릇의 사슬에 매달려 있는 목숨

–중략–

밥 한 그릇 앞에 놓고

아! 아!

나는 가룟 유다가 되지 않기 위하여 기도한다
밥 한 그릇에
나를 팔지 않기 위하여.

밥 한 그릇 때문에 참 숙연해지는 시입니다. 그 밥 한 그릇을 위하여 오늘도 하나님과 사람 앞에 잘 살아야겠다고 다짐해 봅니다.

What would Jesus do?

임신 6개월이 되었을 때 찍은 초음파를 판독하던 의사로부터 '아이의 목이 굵다'는 진단을 받았습니다. 아무렇지 않게 묻는 저를 안경 너머로 바라보던 의사는 다시 한 번 초음파상의 아이를 내려다보며 말합니다.

"다운증후군일 확률이 높죠."

수술실로 들어간 주치의가 수술이 길어지자 다른 의사로부터 초음파 결과를 보게 되었는데 이런 결과를 받게 되었던 것입니다. '다운증후군'의 아이들과 그 부모들의 고통과 아픔을 익히 알고 있었기에 잠시 할 말을 잃었습니다.

"이럴 때 다른 사람들은 어떻게 하나요?"

이럴 때 왜 다른 사람들은 어떻게 하는지 궁금할까요?

"그야 뭐, 수술을 하든지 양수검사를 하죠."

양수검사를 통해 정밀 검사를 하거나 아니면 아이를 지운다는 것입니다. 순간 마음이 아득해집니다. 잠시 머뭇거리며 생각을 했습니다. 느헤미야가 왕의 물음에 잠시 묵도했듯이….

"선생님, 저는 하나님을 믿는 사람이에요. 하나님께서 어떤 아이를 주시든지 저는 그냥 낳겠습니다."

믿음으로 선포의 말을 했습니다. 하지만 엄마가 된 마음으로는 염려와 걱정이 앞섭니다. 며칠을 간절히 기도했습니다.

"이럴 때 예수님이라면 어떻게 하셨을까? What would Jesus do?"

어느 날, 강대상 앞에 엎드려 이 문제에 대해 결단의 기도를 하나님께 올려드렸습니다.

"좋습니다, 하나님! 어떤 아이를 주시든 간에 감사함으로 키우겠습니다."

순간 마음에 기쁨과 평강과 감사가 넘쳐났습니다. 하나님께서는 아이를 통해 저의 믿음을 원하셨던 것입니다. 이삭을 통해 아브라함을 시험하셨던 것처럼….

"어? 아무 문제가 없는데 왜 그런 말을 했지?"

한 달 후 저의 주치의로부터 들은 말입니다. 이미 하나님께서 모든 문제들을 해결해 놓으신 거죠. 둘째 딸아이는 하나님의 은혜로 건강하게 태어났습니다. 어떤 일이나 문제가 있으면 저는 늘 제 스스로 묻습니다.

"What would Jesus do?"

참 궁금한 것도 많아요

어느 날, 운전을 하며 가다가 신호등에 걸렸습니다. 옆에 서 있던 차의 창문이 스르르 열리더니 젊은 청년을 한 가득 태운 운전자가 큰 소리로 묻습니다.

"그 선글라스 어디서 샀어요?"

못들은 척 앞만 뚫어져라 쳐다보고만 있습니다.

"그 선글라스 어디서 샀냐구요?"

'옆 차 운전자와 절대 눈 마주치지 말고 앞만 보고 달려라.' 남편으로부터 철저하게 교육받은 모범생인 나는 못들은 적 두 손으로 운전대를 꽉 부여잡고 파란 불이 바뀌기 무섭게 출발을 했습니다. 그랬더니 옆 차 역시 무섭게 출발을 합니다. 갑자기 무서운 생각이 듭니다. 조금 속도를 늦췄습니다. 옆 차 역시 속도를 늦춥니다. 속도를 조금 높였습니다. 옆 차 역시 속도를 조금 높입니다.

"그 선글라스 어디서 샀냐고? 나 나쁜 사람 아니야."

"별 미친 놈 다 보겠네."

외간 여인네 차를 따라오면서 나쁜 사람 아니라고 하면 어느 얼빠진 여자가 가던 길 멈추고 길 한복판에 차를 세우고 '네, 이 선글라스 한국에서 사 왔어요.' 코맹맹이 소리하며 친절하게 대답해 주겠습니까? 무조건 앞만 보고 귀머거리인양 달립니다. 이럴 때는 못들은 척 하는 게 최고입니다. 아니 못 알아듣는 척 하는 게 최고지요. 들은 척도 않고 달리다 보니 지레 지쳤는지 쌩 하고 앞질러 가면서 냅다 소리를 지릅니다.

"그 선글라스 어디서 샀냐니까 왜 안 가르쳐 주는데?"

"그 아저씨, 참 궁금한 것도 많아요."

선글라스가 정말 멋있어서 물어보는 것인지 아니면 아시안 여인네가 너무 멋져서 물어보는 것인지, 지 엄마뻘 되는 아줌마에게 작업을 거는 것도 아니고….

그러면서 나름 생각해 봅니다.

'그래, 때로는 이렇게 들어도 못들은 척, 알아도 모른 척하자. 선글라스 어디서 샀는지 궁금한 사람도 있을 테고, 비싼지 싼지 알고 싶은 사람도 있을 테고, 명품인지 짝퉁인지 알고 싶은 사람도 있을 테니 그저 앞만 보고 말씀 따라 살아가는 게 장땡이다!'

해독주스

"토마토, 양배추, 브로콜리, 당근을 썩썩 썰어서
물을 자박자박하게 붓고 10분 정도 끓여요.
그리고 믹서기에 사과와 바나나를 넣고 함께 갈아서
아침, 저녁으로 한 잔씩 마시면
몸에 있는 독소들이 다 빠진다네요.
한번 해 보세요."

들고 보니 오늘날까지 주는 대로, 있는 대로, 보는 대로 뭐든 먹어서 내 몸 안에 독이 빵빵하게 가득 찬 것 같은 생각이 듭니다. 일명 해독주스라는 것을 시도해 보라는 권유를 받고 커다란 냄비에다 이것저것 있는 채소 다 썰어 넣고는 솥 하나 가득 펄펄 끓였습니다. 토마토와 당근 때문인지 아주 곱디고운 발그레한 국물이 입맛을 돋웁니다. 한 국자 퍼서 먹어 보니 내 맛도 니 맛도 아닌 게 닝닝합니다. 그래도 몸에 좋다고 하니 남편에게도 한 잔 권합니다.

"당신, 이거 먹어 봐요, 해독주스래요. 이거 먹고 당신 배에 빵빵하게 차 있는 독소들을 좀 제거해 보시지요."

아침, 저녁으로 부지런히 갈아 마셔 봅니다. 웬일인지 아무런 기별이 없습니다. 남들은 금방 효과를 본다는데, 내 속엔 얼마나 많은 독한 것들이 똘똘 뭉쳐 있는지 사나흘이 지나도 여전히 나오는 것은 염소 똥이요, 배는 여전히 빵빵하게 잘 부푼 찐빵 같습니다. 아침, 저녁뿐만 아니라 아무 때나 심심찮게 마셔 댑니다.

그렇게 해독주스를 마셔 대던 어느 날, 문득 내 속사람에 있는 악한 독소들을 해독시키려고 한번도 애쓰지 않았음을 깨달았습니다. 신이 되어 버린 내 몸뚱이가 혹시나 병들어 어찌될까 벌벌 떨면서도 좀 더 건강하게 오래 살고픈 욕심에 가득 차서 육신만 위하느라 내 속사람에 파고든 독한 독소들을 해독시킬 생각도 못하고 살아온 거지요.

얼마 전에는 계피 꿀이 몸에 좋다 해서 한 병 가득 만들어 놓고 있는 대로 퍼 먹고, 또 얼마 전에는 음양수가 몸에 좋다 해서 아침마다 뜨거운 물 반 컵에 찬물 반 컵을 섞어 두서너 잔을 연거푸 퍼 마시면서 껄껄거리고….

죽으면 썩어질 몸! 뭐 그리 애지중지 모시는지 요즘엔 해독주스를 마시면서 이리 기도합니다.

"주여, 용서하소서. 내 몸이 신이 되어 내 몸만 모셨나이다. 이제 내 몸 안에 있는 나쁜 독들뿐만 아니라 내 마음에, 내 생각에, 내 영혼에 자리 잡은 독한 것들도 예수님의 피로 깨끗하게 씻어 주소서. 뱃속 가득 찬 내 악한 독들이 다 쏟아지게 하소서."

죽어도 같이 죽고 살아도 같이 살아야

피난 보따리 이고지고 피난길에 나선지 며칠 만에 도착한 항구에서 미군군함에 오르기 전, 저희 아버지께서 엄마와 오빠 그리고 두 언니에게 몇 번을 다짐하며 당부하신 말씀이랍니다. 밖에 나갔다 들어오면 열여섯 살 된 아들이 매일같이,

"아버지, 이제 북쪽은 공산당 나라가 된대요. 남쪽으로 피난가요. 그레야 살 수 있어요."

남쪽으로 피난가야 산다고 자꾸만 조르는 아들의 말을 듣고도 본토 친척 아비 집을 차마 떠날 수 없어 망설이던 어느 날, 우리 가족은 피난 보따리를 챙겨 들고 집을 나섰습니다.

"그래, 통일되면 다시 돌아오자우. 한 사나흘이면 돌아오지 안겠어?"

이렇게 생각하며 떠난 피난길이었습니다. 피난민을 실어 나르는 미군군함에 온 가족이 올라탔습니다. 사방에서 몰려 든 피난민 행렬은 끝이 없고 산더미 같은 큰 배는 순식간에 사람들로 가득 찼습니다. 아우성치는 북새통에서 잠깐 사이 잃어버린 가족을 찾는 울부짖음이 여기저기서 들려옵니다. 그 순간 앞장서던 아들이 보이질 않습니다. 사방으로 가득 찬 사람들에 떠밀려 어디로 사라졌는지 도저히 찾을 수가 없습니다. 순간, 가던 걸음을 멈추고 약속했던 대로 밖을 향해 다시 헤집고 나갑니다. 죽어도 같이 죽고 살아도 같이 살아야 하는 가족이기에 어느 누구 하나도 놓고 갈 순 없습니다. 어쩌면 다시는 못 내려갈 남쪽 나라 자유의 꿈을 버리고, 배에 오른 사람보다 배에 오르지 못한 사람들이 더 많은 남은 자들 사이에서 잃어버린 아들 찾기란 자유를 찾아 남쪽 나라 가기보다 더 어렵습니다. 하나님의 은혜로 아들을 찾았을 때는 이미 배는 저 멀리 아득하게 떠난 뒤였습니다. 아들을 부둥켜안고 기뻐하는 짧은 순간, 아득하게 보이던 배가 적의 폭격을 맞아 불덩이가 되더니 그만 흔적도 없이 바닷속으로 가라 앉아 버렸습니다.

부둣가에 남은 자들의 비명소리와 함께 찾아 온 1951년 1월의 북녘 땅 추위는 모든 이들의 자유의 꿈마저 꽁꽁 얼어붙게 만들었습니다. 하지만 자유를 향한 열망은 며칠 후에 도착한 군함을 타고 어쩌면 우리가 탄 배도 그 배처럼 바다에 가라앉을 수 있다는 불안함을 안고 자유의 나라 남쪽을 향했습니다. 우리 가족은 이렇게 남쪽 나라에 새 둥지를 틀었습니다.

"자유가 아니면 죽음을 달라!"

그 누가 말했던가!

오늘, 지금, 아니 이 순간! 목숨 걸고 자유를 찾아 북녘 땅을 탈출한 탈

북자들이 자유를 채 누리기도 전에 다시 북녘 땅으로 되돌려져 비참하게 죽어간다는 사실이 참 마음 아프게 합니다. 그들에게 자유를! 얼어붙은 북녘 땅에 자유의 바람이 속히 거세게 일어나 남북 동포가 서로 얼싸안고 자유의 기쁨을 누릴 수 있기를 간절히 소망해 봅니다.

넌 내 취향 아니거든

시험 공부한다고 거의 밤을 새다시피 하고 이른 아침에 학교 간다고 버스정류장으로 가던 아들 녀석이 헐레벌떡 뛰어 들어오며 소란을 피웁니다.

"엄마! 새가 머리에 똥 싼 거 같아요. 새똥 맞죠?"

"그러네! 새똥 맞네!"

뒤통수에 한 바가지 떨어진 새똥 분량을 보아하니 참새나 비둘기 똥은 아닌 것 같고 필경 무거운 몸 퍼덕대며 하늘을 날던 오리나 덩치 큰 갈매기 똥인 것 같습니다.

"오늘 아침부터 시험인데 재수 없는 거 아녜요?"

"야, 이놈아! 하나님 믿는 녀석이 재수 따지기는?"

버스 시간 놓칠세라 부랴부랴 씻고 찜찜하게 나서는 아들 녀석 뒤통수에 대고 큰 소리로 외칩니다.

"야! 아무나 새똥 맞냐? 행운이다 생각하고 시험이나 잘 봐! 사람이 밖에 나가서 우연히 새똥을 맞을 확률이 0.0000000053%라는데 넌 행운이다 야!"

큰 소리는 쳤지만 하필 시험 보는 아침에 새똥을 맞아 괜스레 재수가 없을 거 같아 기분은 좀 꿀꿀하긴 합니다. 하지만 똥 꿈을 꾸면 재수 좋다고 복권들을 사기도 하는데 머리통에 똥을 된통 맞았으니 머리가 핑핑 잘 돌아 시험도 잘 볼 거라고 좋게 생각하며 하루를 보냈습니다. 저녁에 아들 녀석이 들어오자마자 묻습니다.

"오늘 시험 잘 봤니? 어땠어?"

"그런대로 잘 봤어요."

"거 봐! 새똥 맞았다고 재수 없는 것 아니잖니?"

새똥은 그냥 새똥일 뿐 재수 없는 똥은 아닌 거지요. 그러게요. 이러한 모습이 늘 일상에서 일어나는 일들 아닐까요? 믿음으로 기도하면서 재수 따지고 행운 따지고, 재수가 좋다느니 재수가 없다느니 늘 운을 따지기도 합니다. 우리는 재수가 아니라 하나님 은혜로 사는데 말입니다. 그뿐이면 다행이게요? 조금 내 마음에 안 드는 사람을 만나면 이렇게 말합니다.

"어휴, 저 사람 재수 없어! 내 취향 아니야!"

어떻게 내가 아닌 다른 사람들이 다 내 마음에 들고 다 내 취향에 맞겠습니까? 그 사람이 재수 없고 내 취향 아니듯이 나도 저 사람에게 재수 없는 사람, 저 사람 취향에 안 맞는 사람이 될 수도 있을 텐데 말입니다. 재수 따지지 말고 취향 따지지 말고 "그러려니." 하고 받아들이면 만사가 오케이! 혹시라도 우리 주님이 나에게 이러시면 어찌 하시게요?

"너, 아주 재수 없어! 너도 내 취향 아니거든?"

오징어 젓갈 하나 포기 못하고서 뭘

태어나서 처음으로 한국을 찾은 열두 살 된 아들에게 가까운 집사님이 물었습니다.

쭈뼛거리며 아들 녀석 하는 말이,

"오징어 젓갈이요."

한 달 가까이 한국에 머물며 맛있는 음식들을 두루두루 섭렵했음에도 기껏 한다는 말이 '오징어 젓갈'이라니 어이가 없어 웃어 넘겼습니다. 하지만 그분은 아들의 말을 마음에 새겼나 봅니다. 떠나오기 전날 그분은 정갈하고 맛깔스러운 오징어 젓갈을 맛스럽게 포장하여 아들에게 건네주며 하시는 말씀!

"꼭, 너만 먹어라."

건네받는 순간 벌써 내 입안엔 군침이 돌고 막 쪄낸 찐빵 같은 고슬고

슬한 하얀 쌀밥에 척 올려 먹는 빨간 오징어 젓갈이 눈앞에 오락가락하는 데 순간 남편의 한 마디가 그 꿈을 산산조각을 냈습니다.

"먹을 것 가져가려면 책 한 권 더 가져가자!"

한국에 도착하는 날부터 떠나오기 전날까지,

"음식은 절대 안 됨."

사명감에 불타는 식약청 직원처럼 음식 단속이 심하더니 오징어 젓갈을 받아들고 바들거리는 나를 향해 하는 말,

"사모가 되어서 오징어 젓갈 하나 포기 못하고서 뭘 포기하겠다고…."

나의 강한 자존심이 사정없이 곤두박질쳤습니다.

"뭐라고? 나의 모든 인생 계획 다 파묻고 이 고생 저 고생하며 당신 따라 오늘까지 왔는데 오징어 젓갈 하나 포기 못하는 사모라고? 웃기는 짬봉이네."

졸지에 '오징어 젓갈 하나 포기 못한 사모'가 되어버렸지요.

그래요, 먹을 것 하나 포기 못해 바들거리는 속물 같은 내가 하나님의 긍휼하신 은혜가 아니고서야 어찌 부귀영화를 포기하고, 세상을 포기하고, 명예를 포기하고 가난한 목회자 아내로 평생 살아갈 수 있겠습니까?

에이그, 내 꼬라지하고는….

|4|
이름값대로
살면 좋으련만

저는 전과자입니다

무단횡단을 하다가 단속 경찰관에게 딱! 걸렸습니다. 횡단보도는 보이지 않고 육교는 좀 먼듯하여 살짝 건넌다는 게 그만 숨어 있던 경찰에게 딱! 걸린 겁니다.

"아저씨, 죄송해요. 한 번만 봐 주세요, 네? 급한 일이 있어서…."

"급한 일은 누구나 다 있죠! 멀쩡한 육교 놔두고 왜 무단횡단을 해요? 경범죄인 줄 알죠?"

경찰관이 말없이 땅바닥에 하얀 분필로 동그라미를 그립니다.

"여기가 감옥입니다. 여기 들어가서 한 삼십 분만 서 있어요. 벌이에요."

"말도 안 돼요. 그냥 벌금 낼게요."

이 경찰관은 벌금도 안 받고 그냥 동그라미 속에 30분간만 서 있으라고만 합니다. 졸지에 길바닥에 그린 분필 동그라미 감옥에 갇히게 되었습니다.

"너무해요. 다신 안 그럴게요. 벌금 낼게요. 제발요. 네?"

"삼십 분 서 있으면서 나라 법을 어긴 죄를 반성하세요. 반성!"

아무리 애걸복걸을 해도 안 통할 것 같습니다.

"좋아요, 그럼 이왕이면 동그라미 좀 크게 그려 주세요."

"허, 참! 이 아가씨! 감옥이 넓은 것 봤어요? 이 정도면 넓은 거지."

동그라미래야 겨우 두 발 딛고 서 있을 정도입니다.

"그러지 마시고 조금만 크게 그려 주세요!"

"독방이라 생각하세요. 독방! 그래도 지금이 좋은 겁니다."

투덜대며 길바닥 감옥에 제 발로 들어갔습니다. 감옥이라고 생각하니까 기분 참 묘한데요. 그런데 조금 지나서 독방이 좋다는 것을 알았습니다. 줄줄이 서너 명이 무단횡단으로 걸려들었는데 내 감옥보다 조금 큰 동그라미에 몽땅 들어갔습니다. 그들이 절 보고 부러워하는 눈치였습니다. 그날 길바닥 감옥을 출옥한 후 전 전과자가 되었답니다.

오랜 세월 지난 오늘, 하얀 분필을 들고 내 마음에 동그라미를 그려 보고 싶습니다. 얼마나 많은 동그라미를 그려야 할지 모르겠습니다. 아니 하나님께서 그리신 하얀 동그라미에 얼마나 많이 내가 들어갔다 나와야 할지 모르겠습니다. 말씀의 법을 따르지 아니하고 무단 횡단한 것이 너무 많아서지요. 다만 빨간 줄이 가득하지 않기를 바랄 뿐입니다.

이건 내 스타일!

어느 날 아침, 열심히 이쪽저쪽 구석구석 열심히 이를 닦고 있는 나를 물끄러미 쳐다보던 남편이 한소리를 합니다. 그도 그럴 것이 늘 나의 양치질 시간은 쓱쓱싹싹! 치카치카! 후루룩 퉤! 삼분이 아니라 삼십 초면 끝이 납니다. 그런데 그 삼십 초 동안 얼마나 세게 박박 닦는지 삼십 초의 양치질이 끝나면 팔이 아플 정도입니다.

"이건 내 스타일이야. 오래 양치질하면 머릿골이 울리거든요."

남편의 양치질 시간은 나의 열 배가 됩니다. 이 하나하나 정성을 다해 얼마나 꼼꼼하게 닦는지 전동 칫솔이 멈출 때까지 하는 것 같습니다. 그런데 말입니다. 그렇게 열심히 온 마음 다해 양치질을 해도 우리 집에서 치과에 젤 많이 가는 사람은 남편입니다.

"머릿골 안 울려요? 그렇게 오랫동안 양치질하면?"

"운동화 빨듯 이 닦는 건 당신 스타일이고 이건 내 스타일이야."

쓱쓱싹싹 이렇게 닦아도 일평생 이가 썩어서 치과에 가 본 적이 없는 나이기에 남편 앞에서는 당당하게 큰소리 칠 수 있습니다.

"하기야, 다 자기 나름대로의 스타일들이 있으니까 자기 스타일대로 살아가야지, 뭐! 치과나 가지 마슈."

이 닦는 것도 내 스타일, 옷 입는 것도 내 스타일, 말하는 것도 내 스타일, 밥 먹는 것도 내 스타일!! 늘 내 스타일에 너무 익숙해져 있어서 남의 스타일에 대해서는 일단은 거부감이 생기는 것이 우리네 모습인 것 같습니다.

"당신 이 닦는 스타일을 좀 바꿔 봐! 잘못하면 잇몸 상해."

여러 번 칫솔로 잇몸을 긁어 고생한 적이 있는데도 남편의 그 소리는 늘 귓등으로 흘려버립니다.

"일평생 이렇게 닦았는데 하루아침에 바뀔까."

바꿀 생각 없이 늘 내 스타일 그대로 살아가는 제 모습입니다. 이 닦는 스타일을 좀 바꿔야지 하는 마음은 있지만 그저 마음뿐입니다. 하지만 어디 이 닦는 스타일만 바꿔서 내 삶이 달라지겠습니까?

그래서 이제는 내 삶의 스타일을 예수님 스타일로 쫌 바꿔 보려고 합니다. 좀 더 온유하고 겸손하고 사랑 많으신 예수님 스타일로…. 내 스타일만 고집하지 않고 남의 스타일도 좀 인정해 주면서 말입니다. 오늘은 기도와 말씀의 커다란 칫솔을 들고 전투하러 가렵니다. 냄새나고 더러워진 내 마음속으로 말입니다.

제3의 법칙

전동차가 들어오고 많은 사람들이 우르르 오르내립니다. 그때 한 할아버지가 그만 전동차와 승강장 사이에 발이 쑥~ 빠지고 말았습니다. 전동차는 곧 떠나야 하고 할아버지의 목숨은 위태로운 긴박한 상황에 처하게 됩니다. 그때 급하게 한 남자의 우렁찬 목소리가 들려옵니다.

"우리 함께 열차를 밀어 봅시다!"

또 한 사람의 다급한 목소리가 들려옵니다.

"그래요. 한번 밀어 봅시다."

또 다른 목소리가 확신 있게 들려옵니다.

"좋아요. 함께 밀어 봐요!"

첫 번째 소리친 사람이 전동차에 손을 대고, 그 다음 사람이 손을 대고, 세 번째 사람이 손을 대자 놀랍게도 바삐 제 길을 가던 사람들이 너 나 할 것 없이 전동차에 손을 댑니다.

"밀어!"

누군가가 외친 소리에 순식간에 개미떼처럼 전동차에 달라붙은 사람들이 힘을 합쳐 미는 순간! 놀랍게도 33톤의 전동차가 기우뚱 흔들립니다. 아무도 상상하지 못했던 일이 순간적으로 일어났습니다. 전동차를 밀었던 사람들조차도 믿지 못할 일이 일어난 겁니다. 누군가 두려움에 떨던 할아버지를 재빨리 끌어 올렸습니다.

용기 있게 나선 첫 번째 사람! 첫 번째 사람과 뜻을 같이 한 두 번째 사람! 희망과 확신을 가지고 두 사람과 함께 한 세 번째 사람! 뜻을 같이 하는 세 사람만 모이면 상황을 바꿀 수 있다.'는 법칙이지요. 이것이 바로 그 유명한 '제3의 법칙'이라 합니다.

어렵고 힘든 상황을 보고도 그저 돌아서는 자가 아닌 먼저 전동차에 손을 대는 첫 번째 그 사람! 그리고, 그 옆에 함께 손을 대는 두 번째 그 사람! 그리고 또 그 옆에 함께 손을 대는 세 번째 그 사람! 그 사람이 바로 내가 된다면 가정도 살고 교회도 살고 나라도 살지 않을까요?

주님이 찾으시는 그 한 사람이 바로! 내가 되길 원합니다. 외면하고 돌아서는 자가 아닌 바로 그 한 사람 나! 내가 바로 그 세 사람 중 한 사람이 되기를 원합니다.

스트라이크!

팍팍! 경쾌하게 핀 무너지는 소리에 볼링장 가득 환호성이 울립니다. 옆 라인에서 울려 퍼지는 환호성을 꿈꾸며 진지한 눈빛과 멋진 폼을 잡고 힘껏 공을 굴려 봅니다.

"드드드드 퍽!"

당연히 울려 퍼져야 할 환호성은 없고 일명 '똥통'이라 불리는 도랑으로 굴러 가던 공이 핀 하나도 못 맞추고 그대로 떨어지고 맙니다.

"왕년에 볼링 꽤나 쳤는데 아직 몸이 안 풀려서 그래."

한 폼, 한 볼링 한다고 늘 자랑을 했었는데 초반부터 체면이 말이 아닙니다. 차례대로 선수들이 공을 굴립니다. 그런데 경력과 폼과는 아무 상관없이 처음 하는 아이들도 '스트라이크'를 칩니다. 그러나 폼은 일품인데 여전히 볼을 '똥통'에 빠뜨리는 사람은 저 혼자입니다. 볼 탓을 하며 다시 멋진 폼으로 공을 굴려 봅니다. 이제 조금 제 실력이 나오기를 기대해 보지만 여전합니다. 파팍팍! 무너뜨리는 이들의 모습을 유심히 보았습니다.

그래요. 바로 그것이었습니다! 폼도 아니요 경력도 아닌 '힘!' 바로 '힘'이었습니다. 나에게는 그 힘이 부족했던 것이지요. 그러면서 깨닫습니다. 우리의 힘듦과 어려움을 멋지게 이겨낼 수 있는 것! 우리의 고난과 실패를 멋지게 딛고 일어설 수 있는 것! 우리의 안 된다는 부정적인 생각을 멋지게 극복할 수 있는 것! 그것은 나의 능력이 아니라 바로 하나님으로부터 오는 힘! 바로 이 힘이라는 것을⋯.

난 철없는 여자

"혈분 수치가 너무 낮아서 약을 꾸준하게 드셔야겠어요."
"정상 수치는 어떻게 되는데요?"
"이십에서 삼백 팔십까지가 정상이에요."
"그럼, 전 얼마나 되는데요?"
"십칠이요."
"스테이크 썩썩 썰어서 잘 드십시오."

  고기 좋아하고, 밥 잘 먹고, 잠도 잘 자고, 혈색도 좋고, 살도 적당히 찌고 게다가 화장실도 잘 가는 내가 정상수치에도 못 미치는 '십칠'이라니…. 지나가는 개가 웃을 일입니다. 고기를 안 먹어서 그렇다면 이해가 갑니다. 일주일에 한두 번 고기를 안 먹으면 캑캑거리며 잔기침을 하는 병이 있는 나로서는 도무지 이해가 안 되지만 어쩌겠습니까? 의사가 '십칠'이라고 하면 '십칠'인 거지요.

“저도 빈혈이 심해요. 그래서 약 먹어요.”

“수치가 얼마나 되는데요?”

“십이요. 십!”

“아니 이십에서 삼백 팔십인 정상수치에서 겨우 십이라고?”

저와 가까운 사모님의 철분 수치가 ‘십’이랍니다. 그런데 그 소리를 듣자 내가 왜 갑자기 기운이 솟는 것일까요? 갑자기 하늘도 더 파랗게 보이고 어질어질 땅하던 머리도 맑아지고 처져 있던 어깨에도 힘이 들어갑니다. 나보다 더 낮은 사람도 있다는데 위로를 얻은 것일까요?

사람의 본성이라는 게 이런가 봅니다. 뭐든 나보다 더 잘나면 안 되고, 뭐든 나보다 잘되면 안 되고, 뭐든 나보다 잘나가면 안 되는 그리고 남의 어려움에 위로를 얻는….

“어이구, 이를 어째요. 그래도 난 십칠인데….”

도나 개나 거기서 거기고 정상수치 못 미치는 건 매한가지이면서 그보다 조금 낫다고 긍휼히 여기는 목소리로 염장을 질러 봅니다. 그래도 나는 어쩔 수 없는 정상에도 못 미치는 십칠! 철분 수치를 올려 보려 온갖 애를 써 봅니다. 약도 잘 챙겨 먹고, 뻘건 고기도 썩썩 썰어 먹고요. 그러면서 더불어 저의 영적 수치도 좀 올려 보려고 무지 애를 쓰고 있습니다. 세상과 더불어 어지럽지 않으려고요.

하얀 창자

철분제를 먹어도 철분 수치가 오르지 않자 혹시 위나 장에서 보이지 않는 출혈이 있는지 위와 장내시경을 해 보자는 의사 소견이 나왔습니다.

"검사 삼 일 전부터 주의해야 할 사항입니다."

하얀 종이 위에 빼곡히 적힌 주의 사항을 살펴보니 먹지 말라는 게 너무나 많습니다. 빨간 고기, 빨간색이나 보라색 과일이나 야채, 주스, 보리빵 등 색이 들어 있는 음식은 먹어서는 안 된다는 겁니다. 먹을 수 있는 것보다 먹지 말아야 할 음식들이 한 가득입니다. 먹지 말라고 하면 왜 꼭 그것만 그리 또 먹고 싶은지요. 검사일 삼 일 전이 되자 거사를 앞둔 것처럼 긴장이 됩니다. 이것 빼고 저것 빼고 음식을 골라 먹자니 이른 아침부터 괜시리 허기가 지고 맥이 쭉 빠집니다.

주구장창 금식을 밥 먹듯 할 때도 있었는데 이제는 한 끼만 굶어도 팔다리가 후덜덜 떨립니다. 굶기는 그렇고, 골라 먹기도 그렇고, 조심은 해야겠고, 결국 생각해 낸 것이 하얀 떡국만 먹기로 했습니다. 삼 일간 삼시세

끼를 아무 반찬도 없이 오직 떡국만 먹었습니다. 그것도 소금만 살짝 넣은 맹물에다 끓여서 말이지요. 이것저것 신경 쓰지 않고 아주 간단하긴 합니다.

검사하는 날 수면내시경을 하기 위해 절차를 마치고 위내시경 후에 장내시경 한다는 소리를 듣고 내심 긴장하며 마취제에 취해 잠이 들었습니다. 얼마나 지났을까 웅성웅성하는 소리에 잠이 깨자 이내 장내시경 검사 중임을 알았습니다. 그때 깨어난 나를 보고 검사하던 의사가 말을 합니다.

"당신은 어떻게 이렇게 위와 장을 깨끗하게 비웠나요? 그 비법이 무엇인지 알려 주세요. 다른 사람들에게 알려 줘서 다들 좀 이렇게 깨끗하게 비워 오라고 하게요."

우리는 의사가 시키면 시키는 대로 아주 잘 하잖아요? 삼 일 내리 하얀 떡국만 먹었으니 위와 창자가 하얗게 표백되었듯이 얼마나 깨끗했겠습니까? 위와 장에 아무 이상 없이 너무 깨끗하다는 결과를 안고 집으로 돌아오는 길은 너무 상쾌했습니다.

위와 장에 있던 음식들과 묵은 똥들을 다 쏟아 냈으니 얼마나 가뿐하고 깨끗하고 시원한지요. 며칠간은 깨끗해진 내 몸 속을 깨끗한 것으로 채우고 싶어 음식을 가려 먹었습니다. 하지만 그것도 하루 이틀뿐! 며칠이 지나자 없어서 못 먹지 가려 먹을 게 어디 있겠습니까? 또 마구 먹어 대며 텅 비어 있던 나의 위와 장을 잡동사니로 가득 채웁니다.

주일마다 말씀으로 은혜 받고 성령으로 깨끗해진 내 마음과 영혼에 이틀이면 세상 것으로 위장 가득 채워 버리고, 삼 일이면 더럽고 냄새나는 추악한 똥으로 장을 가득 채워 버리니 이 일을 어찌해야 할까요?

사도바울의 고백이 생각납니다.

오호라 나는 곤고한 사람이로다 이 사망의 몸에서 누가 나를 건져내랴 (롬 7:24).

그래, 내가 다 안다 내가 다 알아

여덟 살 난 예쁜 예빈이가 고사리 같은 손으로 하트가 그려진 하얀 종이와 함께 21달러를 제 손에 건네줍니다. 종이를 받아 들고 보니 하트 속에 스티커가 가득 붙어 있습니다.

"이거는요, 제가 착한 일 하거나 엄마 말씀 잘 들으면 엄마가 스티커를 한 개씩 붙여 주시면서 제게 1달러를 주셨어요. 라브리바이블스쿨에 도네이션하려고 스티커 스물한 개 모은 거예요."

얼굴만큼이나 마음 또한 착하고 예쁩니다.

"이거요, 선생님 먹어요. 우리 가르치시느라 힘들잖아요. 이거 먹고 힘내세요. 이거 먹으면 힘이 나요. 힘이."

뉴질랜드에서 태어나 한국말이 좀 어눌하면서도 정확한 다섯 살 꼬마

시온이가 주머니에서 만지작거리던 껌 하나를 꺼내 내 손에 건네주면서 힘을 내라고 합니다.

"으응, 고마워. 이거 먹으면 힘이 나는 거야?"

"그럼요. 힘들면요 껌을 씹으면 힘이 나요."

입에 넣자 짭조름하게 손때 맛이 물씬 풍깁니다. 그래도 맛있게 우걱우걱 씹으며 시온이 앞에서 팔뚝을 들었다 내렸다 힘이 나는 척 너스레를 떨어 봅니다.

하나님께서는 나귀의 입을 통해 말씀하셨듯이 이해할 수 없는 일들로 인해 마음이 무너질 때마다 작은 아이들을 통해 위로 하시고 힘을 주시고 격려해 주시며 다독이시며 살며시 속삭여 주십니다.

"어렵고 힘들지? 그래, 내가 다 안다. 내가 다 알아."

그래요, 하나님은 다 아신다 말씀하시지만 현실은 너무 힘든 일들이 많이 있습니다. 몸이 병들어 고통 가운데 있는 이들, 경기 침체로 어려워진 사업가들, 물질로 인하여 압박을 받는 이들, 비자와 취업 문제로 일터를 찾고 있는 이들, 텅 비어 가는 교회를 지키고 있는 목회자들, 모두가 어려운 시기를 지나고 있는 이때,

"힘들지? 그래, 내가 다 안다 내가 다 알아. 힘내."

외면치 않으시고 위로해 주시는 하나님의 음성에 우리 힘내어 보십시다. 우리의 모든 형편과 사정을 다 알고 계시는 하나님이 계시니까요.

빈 차 모는 내 인생이여!

뒷좌석에 타고 있던 딸아이가 학교에 다 와서 내려야 하는 찰나 급하게 말을 합니다. 성질 급한 조 집사! 두말 않고 차를 홱! 돌려 집을 향해 다시 달립니다.

"너는 왜 안 닮아도 되는 아빠를 그렇게 닮았냐?

괜한 남편 탓에 조상 탓까지 해 가며 잔소리를 해 댑니다. 집에 도착하자마자 딸아이는 준비물 가지러 제 방으로 가고 후다닥 물 한 잔 마시고 나온 조 집사, 급히 차를 몰고 학교를 향해 냅다 달렸습니다.

"야! 얼른 내려! 지각이다 지각! 얼른 내려!"

"…"

"얼른 내리라니까 뭐해? 아휴~ 속 터져!"

열불난 조 집사 뒤를 돌아보니 아무도 없습니다. 급하게 나오느라 딸아이가 타기도 전에 혼자 휑하니 빈 차 몰고 학교까지 와 버린 겁니다.

"에이그, 내 팔자야! 꼭 지 아빠 닮아 꾸물거려 가지고서는…."

성질 급한 제 탓하지 않고 맥없는 남편과 아이 탓만 합니다. 그런데 집에 와 보니 있어야 할 아이가 보이질 않습니다. 하늘로 솟았나? 땅으로 꺼졌나? 아님 휴거를? 혹시나 정신없는 엄마 탓하며 걸어가나 싶어 학교를 향해 다시 달려갑니다. 이제는 열 받음을 지나 딸아이 걱정이 앞섭니다. 길에서도 딸아이를 찾지 못하고 학교에 도착하자 남편으로부터 전화가 왔습니다.

"당신 어디 있어?"

"어디 있긴 어디 있어요? 애 학교 앞이지!"

"아니 애는 왜 집에 놔두고 혼자 학교 가고 그려?"

운동 갔던 남편이 집에 와 보니 딸아이가 혼자 우두커니 서 있더랍니다.

이것이 비단 조 집사 이야기만은 아닐 겁니다. 바로 나와 우리의 이야기일지도 모르지요. 하나님도 모시지 않고 빈 차 몰고 내 인생 나 혼자 정신없이 운전해 가는 우리들의 이야기! 이제는 정말로 내 인생의 운전대를 그분께 완전히 맡겨야겠습니다. 그분을 꼭 모시고 다녀야겠습니다.

우리나라 & 우리 나라

"잘 지내셨죠? 저도 잘 지내고 있습니다. 그런데 우리나라를 위해서 기도 많이 해
주세요."

잠깐 한국을 방문 중인 우리 집사님으로부터 문자가 왔습니다. 이래저래 정국이 혼란하다는 소식을 듣던 차에 그 소식을 들으니 더욱 마음이 심란해집니다.

"집사님, 우리나라가 그렇게도 힘들어요? 그렇잖아도 이번 주에는 구국 기도집회가 두 군데나 있어서 이곳에서도 모두가 함께 모여 정말 빡세게 기도했답니다. 계속해서 우리나라를 위해서 기도해야지요."

저 역시 문자를 보냈습니다. 조금 후에 다시 연락이 왔습니다.

"푸하하하!! 그럴 줄 알았어요. 혹시나 띄어쓰기를 안 해서 어쩌나 싶었는데 역시나군요. 우리나라가 아니라 우리 며느리 김나라 위해서 기도해 달라고요, 현종이 색시 나라요! 우리 며느리, 김나라!"

"푸하하하! 우리나라가 아니고 우리 김나라였어요? 우리나라나 우리 나라나 글씨도 똑같고 발음도 똑같은데 우리나라 기도할 때 하나님께서 신경 써서 들으셨을 거예요."

첫 아이를 임신하고 이제 막 입덧을 시작하는 며느리를 두고 잠깐 한국에 다니러 간 집사님이 우리 나라가 마음에 걸리는지 우리 나라를 위하여 기도 부탁을 하십니다.

한국처럼 먹고 싶은 것 다 마음대로 먹지 못하는 우리 며느리 나라가 여기에 있는데 한국에서 맛있는 음식을 대할 때마다 얼마나 많이 생각이 나겠습니까? 이곳에 있는 우리 나라는 새 생명을 잉태함으로 심한 입덧으로 홀로 애를 쓰고 있지만 태평양 너머의 우리나라는 정치, 경제, 교육, 문화, 사회 등 어려움이 많아 온 나라 온 국민이 심한 입덧을 함께 하고 있다는 소식을 듣습니다.

비록 고국을 떠나 있는 우리들일지라도 이곳저곳에서 나라와 민족을 위한 창자가 끊어지는 듯한 기도의 불꽃으로 심한 입덧을 함께 했으면 좋겠습니다. 삼각산 산줄기마다 울려 퍼졌던 나라를 위한 기도 소리가 이 땅 어느 곳에선가도 늘 울려 퍼지길 소망해 봅니다.

고! Go! 고!

이제 막 운전을 배우기 시작한 아들 녀석이 차만 보면 운전을 하고 싶어 안달을 합니다. 절대 믿을 수 없어 절대 운전대를 안 넘깁니다. 그러던 어느 날, 밤늦은 시간에 집에 들어오다가 큰 마음먹고 아들에게 운전대를 넘겼습니다.

"그래? 그럼, 한번 해 봐!"

말은 그렇게 했지만 안전벨트부터 꽉 붙들어 맸습니다. 차가 서서히 움직이기 시작하더니 제법 달립니다. 차가 달리는 속도에 맞춰 내 오른발은 있지도 않는 조수석 브레이크를 밟느라 다리가 뻣뻣해 옵니다. 온몸에 힘을 주며 수없이 브레이크를 밟아 댑니다. 목까지 뻣뻣해집니다.

그러면서 생각해 보았습니다. 우리 하나님께서는 나 때문에 얼마나 온 몸이 뻣뻣하셨을까? 내 인생의 운전대를 내가 붙잡고 내 마음대로 다닐 때 '고! Go! 고!' 하셨지만 나 몰래 브레이크를 수없이 밟으셨을 텐데…. 그래도 나무라지 않으신 걸 보면 정말 좋으신 하나님이십니다.

어느 날, 교회 집사님 남편이 뉴질랜드에 도착하고 처음으로 음주단속 경찰 앞에 멈춰 섰습니다. 경찰이 뭐라뭐라 하며 컵을 내밉니다. 딱 보니 컵에다 훅! '불라'는 것으로 '감'이 잡혔습니다. 그 컵을 받아 들고 자신 있게 힘껏 불었습니다.

"오 마이 갓!"

놀란 경찰이 컵을 다시 주며 또 뭐라뭐라 합니다.

"음, 더 세게 불라는 것이군."

또 '감'이 잡혔습니다. 혀를 말아 공기를 한껏 마시고 침을 튀겨가며 더 세게 불었습니다.

"오 마이 갓! Go! 고! Go!"

경찰이 주는 종이컵에다 이름과 주소를 말하라 했는데 그 소리는 안 들리고 한국에서처럼 훅! 불어야 되는 줄로 알고 침 튀겨 가며 냅다 불었으니 경찰이 기겁할 수밖에요. 아까보다 더 놀란 경찰이 컵을 흔들며 빨리 가라고 손짓으로 말합니다. 그때서야 가라는 줄 알고 유유히 길을 떠났습니다.

"처음부터 그렇게 세게 불라고 해야지."

듣던 모든 이들이 배를 잡고 웃었습니다. 나도 눈물까지 흘리며 웃었습니다. 그동안 하나님의 말씀을 내 감으로 파악하고 내 뜻을 하나님 뜻으로 착각하며 냅다 침 튀기며 잘난 척하며 살아 왔던 제 모습이 생각나서 손뼉을 치며 웃고, 옆 사람을 때리며 웃고, 눈물까지 흘리며 웃었던 게지요.

많은 세월을 내 마음대로 살아 갈 때 "고! Go! 고!" 하시면서도 참 어이없으셨을 텐데 그래도 내 마음대로 살라고 허락하시는 걸 보면 하나님은 정말 좋으신 나의 아버지십니다.

쌈박하게 살아야겠습니다

가깝지도 멀지도 않게 지내던 태국인 친구가 있었습니다. 어느 날, 운전을 하다 신호위반에 걸렸는데 불법체류자로 조회되어 그 자리에서 바로 경찰서로 끌려갔습니다. 한 오백 년 이 땅에서 살 것 같던 그녀가 불법체류자라는 이유로 옷가지 하나 챙기지 못한 채 일주일 동안 경찰서에 갇혀 있다가 그대로 추방되어 그녀의 나라로 쫓겨 갔습니다.

그녀에게 보낼 짐들을 싸러 그녀 집엘 갔습니다. 방이고 부엌이고 거실이고 욕실이고 엉망진창 난리 바가지! 사방을 둘러보아도 정리된 곳이 한 군데도 없습니다. 불법체류자로 살아가는 그녀의 고달픈 삶이 곳곳에서 묻어납니다. 잠깐 나갔다 들어와서 치우려는 생각이었겠지요. 이렇게 다시는 못 돌아올 줄 알았겠습니까?

물건들을 꺼내도, 꺼내도 끝이 없습니다. 쓰지도 않는 물건들이 왜 이리도 많은지, 입지도 않는 옷들이 왜 그리도 많은지, 혼자 살던 살림들이 대가족 살림처럼 방안 가득합니다. 끝없이 나오는 짐을 보고 함께 짐 꾸리던 이가 말합니다.

"이제부터 나도 버릴 건 좀 버리고 쌈박하게 살아야겠어요. 나갔다가 집에 무사히 돌아온다는 장담을 누군들 하겠어요?"

그래요. 좀 쌈박하게 살 필요가 있지요. 버리자니 아깝고, 남 주자니 그렇고 해서 그냥 그렇게 가지고 있는 물건과 옷들이 얼마나 많은지요. 없어도 될 물건들, 몇 년째 입지 않는 옷들, 덮지 않는 이불들 훌훌 털어 버리고 좀 쌈박하게 정리하고 살면 좋으련만 뭐가 그리 아까운지 이고지고 살아갑니다. 그러면서도 또 얻어 오고, 또 사 들이고, 또 쌓아 둡니다. 사방팔방 충만하게 가득 채워 둡니다. 내 영혼은 텅 비어가는 줄도 모르고 말입니다.

이제는 세상 것으로 가득 찬 나의 마음과 생각을 좀 쌈박하게 비우고 텅 빈 내 영혼에 주님의 십자가로 가득 채워야겠습니다. 텅 빈 내 영혼에 주님의 영광으로 가득 채워야겠습니다. 부질없는 세상 것들을 던져 버리고 정말 쌈박하게 살아야겠습니다.

하나님, 나는 죄인입니다

일흔이 넘은 백인 할아버지가 여든이 넘은 우리 어머니에게 농담 반 진담 반으로 던진 말입니다. 네덜란드가 고향인 존은 호주에 살다가 뉴질랜드로 이민 와서 뉴질랜더가 된 변호사입니다. 젊은 시절에 빵빵하게 안 나간 사람 없듯이 존 역시 변호사로 빵빵하게 잘 살다가 아내 먼저 천국으로 보내고 자녀들을 모두 출가시킨 후 아내와 함께 살던 저택에서 홀로 살아가는 홀아비입니다.

일흔이 훌쩍 넘은 나이에도 늘 손에는 책과 연필을 들고 다니며 언제 어느 때 어디서든지 앉기만 하면 책을 펼쳐 들고 책 속으로의 여행을 제대로 즐기는 멋진 노신사이기도 합니다. 명예도 있고 돈도 있는데 건강이 따라 주질 않습니다. 인공심장을 달고 있어서 늘 조심을 해야 합니다.

숲 속에 자리 잡은 자신의 집을 학생회 수련회 장소로 빌려 주기도 하고, 교회 식구들 왕창 몰려가 바비큐 파티도 하며 우리만의 카페로 사용되기도 했습니다. 점점 그는 한국 사람이 되어가고 있었습니다. 그러나 그는 아직 구원받은 하나님의 백성은 아니었습니다.

존과의 인연은, 조금 안면 있는 동양 여인네가 몸이 몹시 아파 앓고 있던 당신을 극진히 간호해 주고 돌보아 준 것이 고마워 그녀를 딸처럼 여기며 교회도 열심히 따라오기 시작하면서부터입니다. 그런데 교회 와서 가만히 보니 팔십이 넘은 동양 할머니가 꽤 건강해 보입니다. 함께 걸어도 당신처럼 숨도 헐떡거리지 않고 잘 걷습니다. 나이로 보면 저 쪼그만 동양 힐미니보다는 당신이 더 오래 산 것 같은데 영 시원찮은 인공심장 때문에 늘 불안합니다.

부러울 것이 없는데 저 할머니의 튼튼한 심장이 부럽고 탐이 납니다. 탐낼 게 따로 있지 그렇다고 멀쩡한 우리 어머니 심장을 떼 줄 수도 없고, 한두 번 말할 때는 농담이겠거니 했는데 만날 때마다 툭 하면 심장을 팔라고 하니 장기밀매 장수도 아니고 우리 엄마 얼른 죽으라는 소리 같아 슬슬 기분이 나빠지기도 합니다.

그러던 어느 날, 우리 집사님과 함께 존 할아버지의 영혼 구원을 위해 기도로 준비하며 말씀을 함께 나누었습니다.

"존, 우리는 모두가 죄인이에요. 그래서 예수님의 십자가의 보혈로 죄 용서받고 구원받아야 해요."

그때까지 조용히 듣고 있던 존 할아버지가 갑자기 벌컥 역정을 내며 소리를 지릅니다.

"지금 무슨 소리를 하는 거야? 난 이 나라 변호사로 평생 살면서 정직하게 살았을 뿐만 아니라 세금 떼어 먹은 적도 없고, 남의 돈 거저 먹은 것도 없고, 남들도 많이 도와주고, 교통법규 위반도 한번 안 한 내가 죄인이라고? 난 죄인 아냐! 왜 나보고 죄인이라고 하는데?"

얼마나 열을 내는지 얼굴까지 벌겋게 되면서 소리를 냅다 지릅니다. 당신은 절대 죄인이 아니라는 겁니다. 그래서 예수가 필요 없다는 거지요. 아! 아직 때가 아닌가 봅니다. 구원의 길은 내가 죄인임을 인정할 때 시작되는데 말입니다.

한국 사람 좋아하고, 한국 음식도 좋아하고, 한국 교회 오는 것도 좋아하고, 한국 설교 듣는 것도 좋아하는데 오직 죄인이라고만 하면 저렇게 펄쩍 뛰니 때를 기다릴 수밖에요.

그러던 할아버지가 어느 주일 예배 마치고 집사님 집에서 저녁도 맛있게 먹고, 아이들과 찬양도 하며 즐겁게 놀다가 늦은 시간 집으로 돌아갔는데 다음 날 아침 인공심장의 배터리가 멈춰 그만 세상을 떠나고 말았습니다.

늙은 할머니 심장이라도 사서 더 살고 싶어 했던 존 할아버지의 영혼은 화창한 봄날 봄바람 타고 훨훨 하늘로 돌아갔습니다. 죄인이 아니라고 큰소리는 쳤지만 그래도 그 마음 가운데 하나님을 사랑하고 내가 죄인임을 고백하고, 그래서 예수가 간절히 필요함을 알았을 겁니다.

"난 죄인이 아냐!"

큰 소리로 외치던 존 할아버지의 외침은 죄인이 아니어서가 아니라 죄인인 자신을 인정하기 싫기에 더 큰소리로 외쳤을 겁니다. 죄 가운데 살면서도 죄인이기를 거부하는 외침 말입니다. 나는 오늘도 무릎 꿇고 하나님 앞에 조용히 고백합니다.

"하나님, 나는 죄인입니다. 그래서 예수님이 간절히 필요합니다."

열 받음의 착각

밤새도록 더웠다 추웠다, 추웠다 더웠다, 이불을 덮었다 걷어챘다, 걷어챘다 덮었다 이불과 씨름하다 아침에 일어나 보니 콧물은 줄줄! 목소리는 허스키하게 변했습니다. 감기가 걸리려면 목이 좀 아프던지 머리가 좀 띵하던지 아니면 콧물이라도 좀 비치던지 그것도 아니면 날씨라도 좀 추워야 할진대 아무런 전초전도 없이 덜컥 하룻밤 사이에 감기가 심하게 걸리고 말았습니다.

"세상에, 감기가 어떻게 아무런 예고도 없이 이렇게 와요?"

하소연을 했더니 이건 보통 감기가 아니라 갱년기 감기랍니다.

"갱년기 감기요?"

갱년기 증상 가운데 하나가 얼굴이 벌개지면서 열이 팍팍 오르다가 이내 열이 사라지고, 다시 열이 팍팍 오르다가 이내 사라진답니다. 그렇게 밤새도록 열이 팍팍 올랐다가 이내 사라지고 다시 열이 팍팍 올랐다가 다시 사라진 것이 감기가 아니라 갱년기 증상이라는 것이네요. 감기가 오려면 감기만 오든지, 갱년기가 오려면 갱년기만 오든지 하지 사람 아주 헷갈리게 만드네요.

그럼 그동안 빡세게 기도할 때 열이 팍팍 오르던데 그게 성령의 불이 아니라 갱년기 증상이 동반된 열 받음이었다는 거네요? 갱년기 열 오름을 성령의 열로 착각하고 나 혼자 방방 뛴 거였네요? 김이 팍 새는 기분입니다.

그러나 확실한 건 갱년기 열 오름 뒤엔 나이 들어간다는 느낌이 들지만 성령의 열 받음 뒤엔 기쁨과 감사의 감격이 있다는 것입니다. 지금까지 갱년기 열 오름 뒤에 기쁨과 감사가 넘쳤다는 소리는 들어 본 적이 없습니다. 그러니 기도할 때 열 받음은 성령의 역사하심이 틀림없는 것 같습니다. 제 억지 생각으로는요.

우리는 살면서 참 열을 잘 받습니다. 열을 잘 받을 뿐만 아니라 열 받을 일도 참 많이 있습니다. 그런데 그 열도 잘 분별해서 받아야지 열이라고 다 받아버리면 제 명에 살지 못합니다. 성령의 열도 잘 분별해서 받아야겠지요?

하나님 땡큐

시상식이나 졸업식에 가 보면 상을 건네주는 교장선생님께 고개도 까딱하지 않고 한 손으로 상을 받고 악수만 하고 가는 아이들이 영 못마땅하던 차에 딸아이가 상을 받는다기에 당부를 했습니다.

"두 손으로 교장 선생님의 손을 부여잡고, 허리를 구십 도로 굽히고, '아이고, 선생님. 이런 걸 다 주시다니 이렇게 고마울 수가….' 이렇게 해 보면 어떨까?"

딸아이가 기겁을 합니다.

"엄마는, 창피하게. 여기는 고개 숙여서 인사 안 하거든요?"

"야, 창피할 게 따로 있지. 감사해서 감사하다고 인사하는데 뭐가 창피하니?"

짐짓 시침을 떼고 아이의 반응을 보니 황당한 표정입니다.

"그래도 용기 내서 한번 해 봐. 한국 사람의 인사법이니까."

서양은 어찌 된 것인지 정중하게 인사하는 법 없이 손을 흔들며 '헬로우' 하면 끝나고, '쏘리' 하면 끝나고, '땡큐' 하면 끝나버립니다. 그만하면 다행이게요. 교회 유치원을 지나가노라면 서너 살 먹은 아이들이 나를 보고 "하이, 에스더! ^{나의 영어이름}" 인사를 합니다. 코딱지만 한 게 어른 이름을 막 불러 댑니다. 아침에 그렇게 주거니 받거니 하다 학교에 간 딸이 돌아오자 당연히 하지 않은 줄 알면서도 물었습니다.

"엄마가 가르쳐 준 대로 해 봤니? 어떻게 했어?"

"그냥 교장선생님 손 살짝 잡고 땡큐! 했지!"

말하는 딸아이의 모습에서 제 모습을 발견했습니다. 진정한 감사보다는 살짝 손 흔들며 '하나님, 땡큐!' 말하는 제 모습을 보게 된 거지요. 건방지기 짝이 없습니다. 이 건방지기 짝이 없는 저에게도 하나님은 언제나 말할 수 없는 은혜들을 철철 넘치게 부어 주십니다. 그런데 다 내가 잘나서 사랑받고 사는 줄 착각하고 살아갑니다.

"아이고, 하나님! 뭐 이런 것까지 다 주시고. 정말 감사합니다."

이제는 가슴 깊이 우러나는 진정한 감사가 넘쳐났으면 좋겠습니다. 교회마다 가정마다 직장마다 없는 것에도 감사하고, 있는 것에도 감사하고, 이루어진 것에도 감사하고, 이루어지지 않은 것에도 감사하는 감동의 소리들이 철철 넘쳐 났으면 참 좋겠습니다.

날 괴롭히시는 하나님

> "나, 이제 예수 안 믿을라고. 예수 믿는 게 너무 힘들어."
>
> "무슨 말씀이세요? 왜 그러세요?"
>
> "요즘 통 잠을 잘 수가 없어. 지나간 잘못들이 자꾸 생각나서…."
>
> "그럼, 그 지나간 잘못들이 생각날 때마다 기도하세요. 하나님 아버지! 무조건 잘못했습니다. 용서해 주시요! 이렇게요."
>
> "그래? 그래 봐야겠네. 하나님이 날 너무 괴롭혀서 못살겠어. 자꾸 지난 일을 생각나게 해서…."

그래서 예수 믿는 게 너무 힘들어 안 믿고 싶다는 말씀입니다. 팔십 평생을 당신 잘난 맛에 살아오신 우리 집사님이 성령의 은혜를 사모하며 하나님의 은혜를 체험해 보고 싶다고 하셨는데 지나간 세월 동안 잘못한 일들을 자꾸 생각나게 하시고, 자꾸 회개시키시는 걸 보니 은혜를 주신 것 같습니다.

"내가 고등학교 선생할 때 우리 집에 식모애가 있었어. 그런데 그 아이가 우리 큰 아들을 등에 업고 아무도 없는 골목길에 가서 벽에다 아이 머리를 쾅쾅! 찍었다고 동네 사람들이 말하는 거야. 그래서 내가 호되게 야단을 쳤지. 그 다음날 그 아이가 걸어서 멀리 있는 자기 집으로 도망을 갔어. 근데 왜 지금에 와서 그 아이가 자꾸 생각이 나는지 몰라, 미안한 마음이 들어. 용서를 빌고 싶어."

그날, 모여 있던 우리 모두는 그 집사님을 위해 눈물로 함께 기도했습니다. 아니 그분을 위해 기도한 것이 아니라 지난 세월의 죄를 기억하지도 못하고 회개치도 못하고 뻔뻔하게 살아가고 있는 우리 자신들을 위해 간절히 기도했다는 것이 맞겠지요.

왜 하나님께서 우리 집사님 마음에 회개의 바람을 일으키셔서 그 심령을 괴롭게 하시는지 저는 압니다. 잘나도 너무나 잘난 분입니다. 강해도 너무 강한 분입니다. 웬만한 바람엔 끄떡도 아니할 줄 아시고 하나님께서는 회개의 바람을 그 심령에 불어넣으신 게지요.

"하나님! 바람이 불어야 나무가 뿌리를 더 깊이 내려 메마른 계절을 잘 이겨 낼 수 있듯이 하나님 안에 뿌리를 더 깊이 내리라고 우리 집사님 마음에 회개의 바람을 일게 하신 줄 압니다. 간절히 바라기는, 바람뿐만 아니라 이왕이면 천둥번개라도 치셔서 확실하게 하나님을 만나게 하소서!"

캔 아이 해브 더 레시피?

날씨가 제법 쌀쌀해지고 한기가 옷 속을 파고드는 어느 토요일 성경교실 점심시간에 빵보다는 따뜻한 국물 있는 것이 좋겠다 싶어 잘 고아 놓은 뜨끈한 곰국에다 밥을 말아서 아이들에게 한 그릇씩 퍼 주었습니다. 출출하던 차에 뜨끈한 곰국을 본 아이들이 아주 좋아라 합니다.

"먹고 더 먹어도 되요?"

"국물이 꼭 우유 같지?"

"으, 맛있다."

어린아이들이 무슨 맛을 그리 안다고 저마다 한마디씩 기분 좋게 내뱉으며 후루룩 쩝쩝! 맛난 소리들을 내며 도란도란 저들만의 얘기로 금세 국밥 집이 되어 버렸습니다.

백인 아빠와 한국인 엄마 사이에서 태어난 영화배우보다 더 잘생긴 다섯 살 난 꼬마 유현이가 곰국 몇 순가락을 떠먹다가 밥 수저를 멈추고는 아주 진지하게 말을 합니다.

"Can I have the recipe?"

갑자기 다섯 살 난 꼬마 녀석이 레시피를 달라 하니 주위에 있던 아이들 모두가 박장대소를 하며 손뼉을 칩니다. 그러나 그 녀석만큼은 얼마나 진지한지 모릅니다.

"우리 엄마 알려 드리게 레시피 좀 달라고요!"

사골을 곤 곰국이 무슨 특별한 레시피가 있겠습니까마는 진심으로 묻는 녀석의 눈빛에 웃음을 그치고 녀석을 번쩍 들어 안고 들통에 들어있는 사골을 보여 주며 우유처럼 될 때까지 오랜 시간 끓이면 된다고 알려 주었습니다. 비법은 단 한 가지! 뽀얀 국물이 나올 때까지 센 불에 몇 시간이고 곤다! 얼마나 단순명료한 레시피입니까?

나도 좀 뽀얀 국물이 나올 때까지 뜨거운 성령의 불로 푹 좀 고아졌으면 좋겠습니다. 맨날 고다만 맹물 같은 그리스도인이 아니라 푸욱~ 잘 고아진 진국 같은 구수하고 맛난 참 그리스도인으로 말입니다.

기분은 그야말로 Very good입니다

시계 알람 소리에 경기를 일으키듯이 벌떡 일어납니다.

"여보, 여보! 새벽기도!"

남편 역시 경기를 일으키며 벌떡 일어납니다.

사순절을 맞아 특별 사십 일 새벽기도회가 이십오일 째를 맞이하는데도 이른 새벽에 일어나려면 맥을 못 춥니다. 알람시계를 두세 개는 맞춰 놓아야 조금 안심이 됩니다. 잠순이의 '잠과의 전쟁'은 여전히 새벽마다 치열합니다.

"예배만 끝나면 얼른 올라가 자야지."

마음은 굴뚝같지만 두런두런 교인들의 기도 소리를 들으면 체면상 차마 먼저 일어나지 못하고 바닥에 철퍼덕 주저앉아 꾸벅꾸벅 졸기도 하다가 중얼중얼 기도도 드리다가 때로는 훌쩍훌쩍 울기도 합니다.

그래도 새벽예배 마치고 나면 기분은 그야말로 Very good입니다.

사순절을 맞아 특별 사십 일 릴레이 금식기도를 온 교인이 함께 시작했습니다. 나이 들면 '밥심'으로 산다고 하더니 이제는 한 끼만 굶어도 어질어질 후들후들 팔다리가 휘청거립니다. 금식한다고 하면 안고프던 배도 금방 고파옵니다. 먹고 싶은 것도 많아집니다.

신년을 맞아 닷새 작정하고 금식기도원에 올라갔다가 눈앞에 뜨끈뜨끈한 오방떡이 왔다 갔다, 김이 모락모락 나는 콩나물 비빔밥이 왔다 갔다 하는 통에 네 끼 금식하고 하나님과 협상 후 포기했습니다.

"주여, 배고파 빌빌거리며 기도 못하기보다는 실컷 먹고 힘차게 기도하는 게 더 낫지 않겠나이까?"

주님 지실 십자가 고난의 길이 다가옵니다. 잠 조금 못 잤다고, 그까짓 거 한 끼 굶었다고 빌빌거리는 나이지만 그래도 사순절 기간 동안 주 앞에 온전히 드려지길 원합니다. 나의 생각과 나의 모든 소망까지도….

그래도 한 끼라도 금식하고 나면 기분은 그야말로 Very good입니다

노우, 오십!

큰소리로 냅다 "육십!"이라 외치는 동양 여인네의 당당함에 어이가 없었는지 나이든 교통경찰이 한바탕 웃고는 "오십"이라 또박또박 가르쳐 줍니다. 딴 생각에 충만해 달리다가 속도위반으로 걸렸습니다.

"여기서는 50km로 달려야 하는데 당신은 65km로 달렸습니다."

어이없이 거금의 벌금 딱지를 떼었습니다. 조그만 배추벌레만 봐도 십 리만큼 배추를 집어 던지는 내가 어쩌자고 운전대만 잡으면 그저 냅다 달리는지 아무래도 오토바이나 자전거를 타고 다녀야 할 것 같습니다.

교통경찰의 당부 말씀을 한참 듣고 벌금 딱지를 받아 들었습니다. 벌금 딱지를 받아 들고 다시 달리려 하니 저절로 속도계에 눈이 갑니다. 조심조심 오십을 넘지 않으려고 살살 기어갑니다. 평소에 십 분이면 갈 길을 이십 분 넘게 걸렸습니다. 그러니 그동안 얼마나 빨리 달렸겠습니까? 경찰에 걸리지 않았을 뿐이지 늘 속도위반이었던 거지요.

이제부터는 십 분이면 갈 길을 이십 분 동안 가기로 했습니다. 무슨 일이든 너무 급하게 서두르지 않기로 했습니다. 무슨 일이든 너무 급하게 결정하지 않기로 했습니다. 그동안에는 내 인생의 운전대를 내가 잡고 가다 보니 급하면 빨리 가고, 별일 없으면 늦게 가고, 내 마음대로 달려왔는데 이제는 내 삶의 주인이 내가 아니라 하나님이시기에 그분의 속도에 맞춰 살아가려고 합니다. 이제부터 내 인생의 속도계에도 눈을 자주 주려고 합니다. 멈출 때 멈출 수 있고, 달릴 때 달릴 수 있도록 말입니다.

오늘도 육십으로 달릴 때 "노우, 오십!"

날마다 말씀하시는 하나님의 음성에 힘껏 답해 봅니다.

"예스! 오십!"

한 땀 두 땀 … 쉰 두 땀

목회하시다 퇴직하고 노년을 행복하게 사시는 지극히 사랑하고 존경하는 목사님 부부가 계십니다. 넘어져 다치셨다는 소식을 듣고 다음 날 사모님 찾아뵈었다가 은혜 받고 돌아왔습니다.

"쨍그랑, 꽝!!"

점심 준비하려고 부엌에 나오다 그만 미끄러지면서 부엌 유리문을 냅다 머리로 박아버렸습니다. 정신 차려 눈을 떠 보니 머리가 유리창 밖으로 쑥 나와 있더랍니다. 나가면 들어오는 법! 뛰쳐나간 머리를 얼른 다시 안으로 들여오는 순간! 날카롭게 깨진 유리에 턱밑에서 아랫입술까지 주욱 찢어졌습니다. 순간적으로 뜨뜻한 액체가 주룩 흐릅니다. 철철 흐르는 피를 손으로 막으며 아픈 것보다는 갑자기 '얼마나 찢어졌을까?' 궁금해졌습니다. 당황하여 달려온 아들에게 냅다 소리를 지릅니다.

"야! 거울 좀 가져와 봐!"

피를 줄줄 흘리며 약통도 아니요 흐르는 피를 막을 수건도 아니요 거울

을 가져오라는 어머니의 불호령에 급한 아들은 벽에 걸린 전신거울을 냉
큼 떼어 얼른 가져다 드립니다. 거울을 바라보니 전설의 고향에나 나올법
한 피로 범벅된 한 나이든 여인네가 쭉 찢어진 상처에서 피를 줄줄 흘리며
게슴츠레한 눈빛으로 자기를 바라보고 있더랍니다.

도대체 이 상황에 왜 거울이 필요한지 알 수가 없습니다. 구급차를 타고
병원엘 갔습니다. 줄줄 흐르는 피를 멈추기 위해 붕대로 입을 동여매고 서
너 시간이 지난 후에야 꿰매기 시작합니다.

한 땀 두 땀 세 땀, … 쉰두 땀!

사모님 말씀을 들으며 그동안 나도 모르게 하나님과 벌어졌던 사이도
한 땀 두 땀 꿰매기 시작했습니다. 쉰 땀이 넘고 여든 땀이 넘고 백 땀이
넘어도 벌어진 사이는 아직도 아득합니다. 어찌하다가 사람과 벌어진 사
이도 한 땀 한 땀 꿰매어 회복될 수 있다면 오늘도 사랑의 바늘에 용서의
실을 꿰어 한 땀 한 땀 꿰매어 보면 얼마나 좋을까요?

그들과 내가 찰떡궁합이 되는 그날을 기대하면서 말입니다.

도대체 어디에 장단을 맞춰야 할지

학교 갈 시간이 다 되었는데도 깨작거리며 아침을 먹는 딸아이에게 말하고는 금방 돌아서서 아이에게 또 말합니다.

"야, 체할라. 천천히 먹어."

어디다 기준을 맞춰야 할지 몰라 숟가락을 놓고 일어서는 아이를 보니 미안한 마음이 듭니다.

"남자가 왜 그렇게 말이 많아요?"

곁에 앉아 자근자근 말하는 남편에게 면박을 주고는 금방 돌아서서 말없이 책만 보는 남편을 향해,

"말 좀 하고 삽시다. 입에서 군내 나겠네."

퉁명스럽게 툭! 하고 말을 던집니다. 어디에 장단을 맞춰야 할지 몰라

슬그머니 책 들고 일어서는 남편을 보니 미안합니다.

"당신은 청소기 좀 돌려주고요. 너희들은 빨래 좀 널어라."
금방 시켜 놓고는 청소기 돌리는 남편에게는 "쓰레기 좀 버리고 오세요." 빨래 너는 아이들에게는 "너희들 방 치워라." 하니 무엇부터 해야 할지 몰라 청소기 돌리다 쓰레기 버리러 가는 남편을 보고, 빨래 널다 방 치우러 가는 아이들을 보며 측은한 마음에 내가 빨래 널고 내가 청소기 돌립니다.

"어디 아프세요?"
립스틱 고상하게 연한 색으로 바르고 나갔더니 고상이 아니라 창백해 보이는지 다들 묻습니다. 오늘은 진한 색으로 바르고 나섰더니
"좀 야하지 않아?" 하고 남편이 말합니다.
어디에 맞춰야 할지 몰라 망설이다가 두 가지를 다 섞어 쓱쓱 발라보니 '춘자'가 되었습니다. 그러면서 생각해 보았습니다. 내 생각과 내 마음대로 기준 삼아 살아온 수많은 세월 속에서 나의 잣대로 재어 본 일들과 나의 기준으로 한 말들이 얼마나 많을까 하고 말입니다. 재미있게 설교하면 가볍다고 하고, 말씀만 선포하면 재미없다 하고, 무엇이든 내 잣대로 재어 보면서 생각 없이 말을 합니다. 그러면서 한 번도 나를 재어 보지 못했음에 부끄럽습니다. 이제는 말씀을 기준 삼아 나를 재어 보며 살아야겠습니다.

그래요, 잘 먹고 잘 살게요

해마다 송구영신 예배를 마친 후에는 성경구절이 들어 있는 주머니에서 각자 성경구절을 하나씩 뽑은 후 말씀에 감격하며 말씀대로 살기를 다짐하는 귀한 시간을 갖습니다. 간절한 마음으로 기도를 드린 후 기대에 찬 마음으로 손을 넣었습니다. 이리저리 손을 휘저어가며 손끝에 끌리는 종이 한 장을 뽑아 들고는 자리에 앉아 또 간절히 기도를 드립니다.

"주여, 말씀하소서. 주의 종이 듣겠나이다."

겸손하게 두 손까지 받쳐가며 말씀을 깊이 있게 읽어갑니다.

> 우리가 세상에 아무것도 가지고 온 것이 없으매 또한 아무 것도 가지고 가지 못하리니(딤전 6:7).

"엥? 정월 초하루에 무슨 말씀을 하신담?"

김이 팍! 새는 듯합니다.

"참, 하나님도 제가 언제 뭐 가지고 간다고 했나요?"

삐죽거리며 아래의 말씀을 읽습니다.

우리가 먹을 것과 입을 것이 있은즉 족한 줄로 알 것이니라(딤전 6:8).

"아이고, 됐네요. 하나님! 그래요. 새해도 잘 먹고 잘 살게요."

성경에 얼마나 좋은 말씀들이 많이 있습니까?

'내가 너를 영화롭게 하리라.' '내가 너를 높이리라.' '들어가도 복을 받고 나가도 복을 받을 것이니라.' 이런 좋은 말씀들이 부지기수인데 '먹을 것과 입을 것이 있은즉 족한 줄로 알라.'니요

"엄마랑 함께 살면 먹을 것, 입을 것 걱정 없겠네요?"

아들 녀석이 실실 놀립니다. 자기는 "아무것도 염려 마라." 이런 좋은 말씀을 받았다나요. 그래도 먹을 것과 입을 것이 있다는 것이 얼마나 큰 복입니까? 저는 올 한 해는 잘 먹고, 잘 입고, 잘 사는 축복은 따 놓은 당상입니다. 먹을 것, 입을 것, 걱정 없이 족한 줄로 알고 새해에는 잘 먹고, 잘 입고, 잘 사는 축복이 두루두루 모두에게 함께 하시길 빕니다.

개천에서 용 났습니다

"앞에 나가면 마이크를 입에 가까이 대고
큰소리로 또박또박 천천히 해야 돼. 알았지?"
"근데요, 이모. 나가기도 전에 마구 떨려요."
"걱정 마. 틀리면 이모가 살짝 가르쳐 줄 테니까."

성경 암송 발표회를 앞두고 교회 이모와 아들이 주고받는 말입니다. 몇 날 며칠을 외우고 또 외우더니 드디어 주일 예배에 발표할 시간이 왔습니다. 초등학교 1학년인 아들 녀석의 긴장된 모습이 측은해 보이기도 하고 기대도 됩니다. 예닐곱 명의 올망졸망한 아이들이 쭈뼛쭈뼛 어른들 앞에 섰습니다. 한 명씩 돌아가며 갈고 닦고 외운 말씀들을 줄줄 잘도 외웁니다. 아들 녀석 차례가 오자 제 심장이 멎는 것 같습니다.

"에, 에, 에."

이런 세상에! 마이크를 잡은 녀석이 한마디도 못하고 "에, 에."만 하고 있습니다. 울화통이 터집니다. 누굴 닮았기에 저렇게 숫기가 없어 저러고 있는지 강대상에 서 있는 남편 얼굴 한번, "에, 에." 거리고 서 있는 아들 얼굴 한번 쳐다보며 족보에도 없는 팔자 타령을 해 봅니다.

"에이그, 내 팔자야. 못 말려요, 못 말려!"

"그래도 아들 녀석이 저보다 낫네요. 저는 아예 앞에 나오지도 못했거든요. 성탄절 연극을 할 때면 마리아가 타고 가는 당나귀나 멍하게 서 있는 나무만 했어요."

그것도 자랑이라고 남편은 한 술 더 뜹니다. 닮을 걸 닮아야지 꼭 그런 건 잘 닮습니다. 그러던 녀석이 칼리지를 가더니 워십 댄스를 한다고 펄쩍펄쩍 뛰는 걸 보니 참 신기합니다. 그러던 남편이 날마다 강대상에서 큰소리로 설교하는 모습을 보니 참 대견스럽습니다.

개천에서 용 났습니다. 주의 은혜가 어찌 그리 크신지요.

흉보고 있는 나는 혹시나 하나님과 사람 앞에 "에, 에." 거리고 있지나 않은지 모르겠습니다. 남의 눈의 티끌은 보면서 내 눈의 들보는 보지 못한 채 말입니다.

톰발리 통일이 되면 얼마나 조칸?

심상치 않게 들려오는 우리나라 소식이 궁금하여 안부 차 전화했다가 물어보니 무덤덤하게 말합니다.

"언니, 나라가 복잡하고 어렵다는 데 어때?"

"기도 좀 많이 해라. 북한이 난리다, 난리."

같은 날 전화를 해서 똑같은 질문을 했는데 들려오는 대답은 아주 다릅니다. 전쟁을 모르고 남한 땅에서 태어난 막내 언니는 '항상 있었던 일인데 뭘 그러느냐.'는 듯이 말하고, 일사후퇴 때 고향을 등지고 남한으로 피난 내려온 둘째 언니는 전쟁의 아픔을 알기에 많이 걱정스러워 합니다. 큰언니에게도 전화할까 하다가 그만둡니다. 이북 사투리 제대로 쓰는 언니의 대답은 뻔하기 때문입니다.

"야야, 리북에서 쳐들어오려고 야단나지 안 칸? 톰발리^{빨리} 통일이 되면 얼마나 조칸^{좋겠니}? 내래 두 번씩이나 전쟁을 겪어야 되갔니?"

이처럼 우리 작은 가족 안에서도 전쟁을 겪은 세대와 전쟁에 무덤덤한 전쟁 이후 세대가 함께 하고, 이북이 고향인 언니와 남한이 고향인 언니가 한 가족으로 살아가며 슬픈 우리나라의 작은 모형을 이루어 살고 있습니다.

오늘까지 고향 땅 한번 밟아 보지 못하고 살아온 우리 부모형제들의 아픔과 서러움은 단지 우리만의 아픔이 아니라 우리 민족의 아픔일진대 언제까지 이렇듯 아픔과 설움으로 남아 있을지요.

"꿈에도 소원은 통일" 노래 부르던 시절이 기억납니다. 이제는 정말 통일이 되었으면 좋겠습니다. 평화의 복음으로요. 이제는 통일이 되었으면 좋겠습니다. 십자가의 보혈로 말입니다.

야, 좋은 말할 때 나 좀 봐라!

"아빠가 왜 엄마 자리에 누우셨어요?"

안방에 들어오는 아이들이 이상하듯 묻습니다.

"다른 집에 와 있는 거 같아요, 엄마 아빠 자리가 바뀌니까."

그래도 남편은 묵묵부답, 시치미 뚝입니다.

"그래, 엄마도 남의 집에서 자는 거 같아, 자리 바뀌어서."

잠자리가 바뀌면 전혀 못 자는 아내인 줄 알면서도 0.1톤짜리 육중한 몸무게로 남의 자리에 버티고 있는 남편을 밀어 보고 빗쳐 보아도 꼼짝도 하지 않습니다. 아이들까지 합세하여 구박해도 묵묵부답입니다. 며칠 전부터 자꾸 자리 좀 바꿔 자자고 하더니 오늘은 아예 미리 자리를 차지하고 누웠습니다. 이유는 항상 왼쪽으로 엎어 자는 아내가 당신에게 등 돌리고 잔다는 이유입니다.

"오늘은 나 좀 보고 왼쪽으로 자겠지? 호호호"

꿈도 아주 야무집니다. 당신을 보고 왼쪽으로 엎어지면 커다란 곰 한 마리가 턱 하니 누워 있는데 어떻게 엎어져 자겠습니까? 잠자리 바뀌어서 한숨도 못 잔 나는 한마디도 안 했는데 남편은 하루 만에 제 자리로 자진 철수했습니다. 아무런 소득이 없었다고 침묵의 항거를 하면서 말입니다. 아빠의 가련한 모습을 본 아이들이 아빠에게 한마디씩 합니다.

"에이그, 불쌍한 우리 아빠, 이를 어쩌나."

남편의 볼멘소리가 들려옵니다.

"좋은 말할 때 나 좀 봐라."

자다가도 뒤돌아보면 여전히 내 등 뒤에서 곤히 자고 있는 남편이 가엾긴 해도 절대로 세 살 버릇을 남 줄 수가 없습니다. 그런데 오늘도 여전히 나의 등 뒤에서 외롭게 계시는 한 분이 또 계십니다.

"나의 등 뒤에서 나를 도우시는 주. 때로 뒤돌아보면 여전히 계신 주. 잔잔한 미소로 바라보시며 나를 재촉하시네."

그분의 볼멘소리가 들려옵니다.

"야, 좋은 말할 때 나 좀 봐라!"

쥐가 선물이라고?

대수롭지 않은 일로 투닥거리는 두 아이를 앉혀 놓고 일장연설로 훈계를 합니다. 지난 잘못까지 들추어 가며 야단을 치다 보니 점점 열이 오릅니다. 한참 연설을 하는데도 반성의 기미는 보이지 않고 내 얼굴만 빤히 쳐다보고 있습니다.

"어른이 야단치는 데 고개를 뻣뻣이 쳐들고 왜 빤히 쳐다보는데? 고개 안 숙여?"

두 아이 서로 얼굴을 쳐다보더니 중얼거립니다.

"엄마, 학교에서 선생님 야단치실 때 고개 숙이면 선생님 무시한다고 혼나요."

순간 할 말을 잃었습니다. 그래도 야단치는 엄마의 자존심이 있어서 한마디 합니다.

"여기는 집이야. 그리고 너희들은 한국 사람이고. 어른이 야단칠 때는 고개 들고 빤히 쳐다보는 게 아냐. 그래도 고개 안 숙여!"

할 수 없이 두 아이가 눈을 꿈벅거리며 고개를 숙입니다.

어느 날 이른 아침 밖에 나가려다 보니 거실 유리문 앞에 커다란 쥐 한 마리가 죽어 있습니다. 그 옆엔 우리 집 고양이 향단이가 의연하게 앉아 있고요.

"아니 저 놈이! 내가 저한테 뭘 잘못했다고 쥐를 잡아다 놓은 거야. 먹여 주고 재워 주고 키워 주었더니 쥐를 잡아다 놔?"

나의 큰소리에 아이들이 방에서 뛰쳐나옵니다.

"엄마, 향단이가 엄마에게 고맙다고 선물로 쥐 잡아다 놓은 건데 왜 그래요. 고마운 표시라고요"

소리 지르는 저에게 아이들이 더 불을 지릅니다.

"아이고, 웃기는 짬뽕 같은 소리하네. 쥐가 선물이라고?"

고양이는 요물이라 해코지 한다는 소리에 익숙해 있는 우리 문화에서 '선물'이라니 말이나 되는 소리입니까?

두 문화 사이에서 아이들 키우기가 쉽지 않습니다. 본의 아니게 무식하고 몰상식한 엄마가 되기 십상입니다. 같은 지구에 살면서 생김새와 말과 문화가 이렇게 다른데 천국 문화는 얼마나 다를지요? 이왕 이 땅에 사는 것 아무리 힘들고 고달파도 천국 문화에 적응하는 연습이려니 생각하며 천국처럼 살아야겠다고 마음먹습니다.

내 마음대로 말고 아는 대로 살자

그렇잖아도 요즘 들어 부쩍 뱃살이 늘어나는 통에 운동 좀 해야겠다 싶었는데 친구로부터 전화가 왔습니다.

"와우! 잘 됐네. 그렇잖아도 뱃살 때문에 고민이었는데…."

당장 가서 싣고 온 운동기구는 자전거 페달 돌리기입니다. 속도를 맞춰 놓고 열심히 페달을 밟으면 한 삼십 분 지나서 땀이 삐질삐질 나기 시작하고 한 시간 정도 밟고 나면 온 몸에 땀이 흥건하게 흐릅니다. 말씀과 찬양을 들으며 한 시간 정도 운동을 하고 나면 왠지 모르게 몸이 가뿐해진 것 같은 기분이 듭니다. 그냥 내 만족이겠지요. 말씀도 한 시간 들었고 운동도 땀나게 했다는 내 만족…. 그러면서 뒤뜰로 나가 또 뛰기 시작합니다.

"하나, 둘, 셋, 넷, … 백, … 오백, … 천, … 이천, … 이천오백…."

 잦은 뜀으로 삼십 분 넘게 뛰고 나면 얼굴에 열이 나고 다리가 후들거립니다. 미스코리아 나갈 것도 아니고 몸짱대회 나갈 것도 아닌데 열심히 밟고 열심히 뛰고 죽어라 운동을 합니다. 땀나는 걸 싫어하는 나로서는 땀 흘리고 운동한다는 것은 대단한 결단이요 놀라운 일입니다. 그런데 문제는 오래가지 못한다는 겁니다. 한번 운동하면 한 달 쉬고, 두 번 운동하면 두 달 쉬고, 어쩌다 한 번 생각날 때 잠깐 뛰고, 잠깐 밟고, 마음먹고 동네를 한두 번 걸어 보다 비가 오네, 날이 어둡네, 피곤하네, 갖은 핑계대면서 게으름의 극치를 달리며 집안에서만 해결하려 합니다.

 "그렇게 하면 안돼요. 매일 조금씩이라도 해야지요."

 "알긴 알아요. 매일 조금씩이라도 해야 되는 거."

 알면 뭐하겠습니까? 그대로 안 하는 걸요. 사람은 아는 대로 안하고 자기 생각대로 한다지요. 저 역시 알긴 하지만 내 생각대로 그냥 살아갑니다. 내 소견에 옳은 대로 그냥… 어떻게 하면 내 소견을 버리고 말씀 따라 살아갈 수 있을까요? 영원히 해 낼 수 없는 나의 숙제입니다.

넘어지고 깨지고 터져도 감사해

"엄마, 나 스케이트보드 타다 넘어져서 좀 다쳤어요."

"뭐? 얼마나 다쳤는데?"

"그냥 조금 시멘트 바닥에 얼굴이랑 손이랑 다리…."

말끝을 흐리는 걸 보니 그냥은 아니고 좀 많이 다쳤나 봅니다. 얼마 전부터 오빠따라 스케이트보드 탄다고 졸졸 따라다니더니 드디어 사고를 쳤네요. 내심 걱정을 하면서 부리나케 집으로 왔습니다. 소파에 널브러져 있는 딸을 보니 가관이 아닙니다. 얼굴과 손과 팔과 다리 여기저기에 덕지덕지 밴드가 붙어 있고, 윗입술은 퉁퉁 부어 금붕어 사촌 저리 가랍니다. 그래도 내가 상상했던 것보단 좀 괜찮습니다. 상상하기로는 시멘트 바닥에 냅다 얼굴을 갈았으니 얼굴 한쪽은 다 긁어 났을 것이고, 이 한두 개는 부러져 나갔을 것이며, 팔다리는 시퍼런 멍에 피가 철철 흐를 것이요, 코피는 터져서 저팔계 코처럼 부어올랐을 것인즉, 꼼짝 못하고 울고 있으리라 생각했었지요.

"클 때는 다 이러면서 크는 거죠 뭐. 이만하길 감사하지."

부어오른 입술을 모아 오히려 감사하는 아이를 보니 마음이 놓이기도 하고 한편 안쓰럽기도 합니다.

"한 번쯤은 넘어지는 건 당연한 거 3?"

"그래, 한번쯤 넘어짐은 보드에 대한 예의겠지?"

찰떡궁합 딸이랑 예의니 아니니 한참을 낄낄대자 묵묵히 있던 아들 녀석이 틈새로 끼어듭니다.

"엄마는 얘 넘어진 거 못 보셔서 그렇죠. 땅바닥에 붙어 있는 얘를 땅에서 떼어 냈어요."

냅다 넘어진 순간 잠깐 정신을 잃고 쓰러졌나 봅니다. 땅바닥에 붙어 있던 애가 이만하길 얼마나 감사한지요. 상처는 아물면 되고 멍은 없어지면 되잖아요? 그러면서 감사할 일이 우리에겐 얼마나 많이 있는가를 생각해 봅니다. 넘어지고 깨지고 터지고 엎어져도 그저 감사하고, 이리 깨지고 저리 터져도 그저 감사하고, 작은 것에도 분에 넘치게 감사해 보기를 간절히 소망해 봅니다.

"이건 세상에서 하나밖에 없는 귀한 새해 선물이야.
너희들이 잘 간직해서 이 말씀대로 살았으면 참 좋겠다."

새해를 맞아 아이들에게 의미 있는 선물을 해 주어야겠다 싶어 전도서를 영어로 필사하여 두 아이에게 한 권씩 나눠 주었습니다.

"와, 진짜 이 세상에 하나밖에 없는 엄마가 쓴 성경책이네요."

그 후로도 꾸준히 성경 여기저기 편식하듯 골라 쓰던 중에 어느 날, 특별한 점심식사에 초대되었습니다.

"책거리 점심식사 같이 해요."

"아니 무슨 책을 다 떼셨기에 책거리 점심이에요?"

"제가요 창세기부터 요한계시록까지 영어로 다 썼거든요."

세상에! 육십 넘으신 집사님께서 2년 반에 걸쳐 그것도 영어로 성경을 몽땅 다 쓰셨다는 겁니다. 편식하듯 써 오던 제 자신이 몹시 부끄러웠습니다. 그렇잖아도 영어로 창세기부터 요한계시록까지 세 번 쓰고 나니 "뉴스가 90% 들리더라."고 성경쓰기를 권했던 분도 있었는데….

책거리 점심을 함께 나누며 성경을 쓰면서 받은 은혜들을 나누었습니다. 처음엔 불순한 의도를 가지고 시작했답니다. "심심한데 영어 성경이나 쓰면서 영어 단어도 좀 익히고 무료한 시간도 좀 때워 볼까?" 영어 공부도 하고 무료한 시간 때우기로 시작했다는 것이지요. 그런데 놀랍게도 성경을 써 가는 동안 자신도 모르게 달라지는 모습을 보게 되었습니다. 기쁘고 즐겁고 감사하고 은혜롭게 변해 가는 자신을…. 그리하여 함께 영어성경 쓸 동지들을 찾았습니다.

"영어? 걱정 붙들어 매고 영어 성경 쓰기 합시다!"

목표는 2년으로 하고 함께 동참하는 동지들이 여기저기 생겼습니다. 드라마도 끊고, 게임도, 오락도 끊고 영어 성경 쓰기에 한번 힘차게 도전해 보려는 사람들이 많았습니다. 한 사람으로부터 받은 도전이 누룩처럼 번져나가 말씀으로 변화되는 사람들이 온누리에 가득했으면 좋겠습니다.

"쓱! 쓱! 쓰쓱쓱!"

성경 쓰는 소리가 곳곳에서 들려왔으면 참 좋겠습니다.

충성!

여고 시절, 목소리는 우렁차 연대장 감인데 키가 작아 중대장을 했었습니다. 교련 가방에 삼각 끈과 붕대를 넣고 사열 연습에 들어가면 음치, 박치 뛰어넘어 발치들이 많아 꼭 구령을 불러 주어야 합니다.

"하나, 두울, 세엣, 네엣, 발 맞춰 가!"

구령을 불러 주어도 엇박자로 걷는 못 말리는 아이들이 있습니다.

"발 바꿔 가!"

그러면 엉망진창 오합지졸입니다. 발이 꼬여 넘어지는 아이들도 있습니다. 오뉴월 뙤약볕에 서너 시간 사열하다 보면 여기저기 픽픽 쓰러지는 아이들도 나옵니다. 꼭 그런 아이들은 얼굴은 허옇고 가냘프며 키는 큰 하늘하늘거리는 이쁜 애들이지요.

튼튼한 두 다리의 나와는 비교가 안 됩니다. 건장한 남자 선생님 등에 업혀 가는 걸 보며 모든 여고생들은 부러워했었지요. 쟤는 온실에서 자라고 나는 잡초로 자랐는지 여고 시절 내내 남자 선생님 등에 업히는 그런

행운은 한 번도 내게 찾아오진 않았습니다.

사열대를 지나며 "우로 봐!"의 구령소리에 고개를 획 돌려 거수경례를 하며 합창을 합니다.

"충성!"

경례를 받은 사열관을 지나 제자리로 돌아오는 내내 내가 외친 "충성"에 마음이 들뜹니다. 세월이 지나 지금도 누구에겐가 "충성"을 외치며 날마다 들뜬 마음으로 살아가고 있습니다.

"위로 봐!"

힘찬 구령소리에 고개를 획 올려 하늘을 바라보며 내 인생의 사열관이신 하나님께 목청껏 외칩니다.

"충성!"

맡은 자의 구할 것은 충성이라 하셨기 때문에 말입니다.

이니 미니 마니 모

학기말 시험을 보고 온 딸에게 물었더니

"모르는 게 있어서 '이니 미니 마니 모' 했어요"

천연덕스럽게 대답을 합니다.

"아니 너는 하나님을 믿는 아이가 지혜를 달라고 기도는 하지 않고 '이니 미니 마니 모'가 뭐니?"

우리말로 하자면 "어떤 것을 할까요? 알아 맞춰 보세요? 딩동댕?"

바로 이 말입니다. 시험 잘 치르고 오라고 열심히 기도해 주었더니만 '찍기'를 했다는 딸을 보니 어이가 없습니다.

"너무 긴장하다 보니까 기도하는 걸 깜박했네."

너스레 떠는 아이를 보니 마치 제 모습을 보는 것 같습니다. 어떤 일들을 선택할 때면 기도하면서도 '이니 미니 마니 모'를 손이 안 보일 정도로 수없이 오고가며 어떤 걸로 할까 '찍기'를 합니다.

"오, 하나님! 이것이 하나님의 뜻이옵니까? 아니면 저것이 하나님의 뜻이옵니까? 알아 맞혀 보세요? 딩동댕?"

그러면서 하나님의 뜻과는 전혀 상관없이 "딩동댕?" 끝나는 순간 내 가고픈 대로, 내 하고픈 대로 그냥 밀고 나갑니다. 그러면서 너스레를 떨며 말합니다.

"이것이 바로 하나님의 뜻이야."

어렸을 적에 술래잡기하다가 아이들을 못 찾게 되면 길 한 가운데 서서

"어느 쪽으로 갈까요? 알아 맞춰 보세요? 딩동댕?"

손바닥에 침을 뱉고는 손가락으로 힘껏 쳐서 침이 많이 튀기는 쪽으로 숨은 아이들을 찾으러 간 기억이 있습니다. 오늘도 '어느 쪽으로 갈지, 어떻게 해야 할지' 망설이며 '이니 미니 마니 모' 침 튀기며 '딩동댕' 외치는 소리 뒤편에서 하나님의 회심의 미소 속 속삭이는 음성이 얄궂게도 들려 옵니다.

"나도 너에게 어떻게 해 줄까요? 알아 맞춰 보세요, 딩동댕?"

늑대와 함께 춤을

매달 한 번씩 함께 중보기도 팀을 이루고 있는 젊은 전도사님으로부터 전화를 받았습니다.

"그래요? 얼마나 아프기에…. 그럼 가 봐야죠."

안개꽃에 둘러싸인 장미 꽃다발 한 아름 안고 이것저것 먹을 것을 사 들고 노총각 홀로 머무는 시골 교회 뜰 아래채를 겁 없이 방문했습니다. 눈이 빠끔해지고 수척해진 모습을 보니 안쓰럽습니다.

"이 나이 되도록 장가도 못 가고 혼자 웬 청승이에요?"

사돈 남 말한다더니 시집도 못간 노처녀 주제에 남의 노총각 걱정하고 있는 내 모습이 정말 웃기지도 않습니다. 은은한 촛불 밑에 잔잔한 음악소리를 들으며 이것저것 챙겨 먹고 분위기 있게 차까지 한 잔 마셨습니다. 빨간 촛불이 출렁출렁 춤을 추고 잠깐의 침묵이 흐를 때 슬그머니 일어난 그가 살포시 손을 내밀며 말합니다.

"춤 한번 추실래요?"

완전 강남 제비의 버전입니다. 당혹스러운 춤 신청에 당황하면서도 애써 한마디합니다

"아니 내가 늑대와 함께 춤을?"

졸지에 늑대가 되어 버린 그가 멋쩍어하며 손을 접습니다. 그날 분위기는 꼭 그랬습니다. 춤추다 말고 그가 덥석 나를 안을 것 같은 그런 분위기….

지금은 평생을 춤추며 함께 살아가야 하는 내 낭군이 되었습니다. 가끔 심심하면 묻습니다.

"당신, 그때 왜 갑자기 춤추자고 했어요?"

"나도 몰라. 그때 왜 갑자기 춤추자고 했는지…."

춤 거절당한 아픔이 아직도 남아 있는지 엉큼한 속셈을 숨기며 내숭 떠는 속이 다 보입니다.

옛적에 노총각 춤 신청을 은근슬쩍 거절했던 제가 요즘에 오히려 춤바람이 났습니다. 성령의 춤바람이…. 저와 함께 춤바람이 난 그분께 오늘도 손을 내밉니다.

"하나님, 저와 함께 춤 한번 추실까요?"

"좋지! 늑대보다는 내가 훨씬 낫지?"

우리 엄마가 보고 싶을 때

소리를 지르고 야단을 하고 방방 뛰어보아도 묵묵부답, 당신 하고 싶은 대로 하는 것이 우리 엄마 스타일입니다.

어느 날, 뒤뜰 텃밭에 깻잎, 상추 그리고 고추 몇 그루 심어 놨더니 음식 찌꺼기만 보면 거름으로 부어 주는 통에 음식 썩는 냄새가 진동을 합니다. 냄새와 파리 떼로 문도 제대로 열어 놓을 수가 없습니다. 될 수 있으면 음식찌꺼기 없이 하려고 냉큼 치워 버리거나 쓰레기통에 얼른 버리면 슬그머니 쓰레기통을 뒤져 음식찌꺼기를 찾아들고서는 회심의 미소를 지으며 뒤뜰로 나가십니다. 음식 썩는 냄새에 온 동네 파리 떼들이 바글바글 몰려옵니다. 활짝 문 열어 놓고 된장국은 물론이요 생선 하나 제대로 구워 먹을 수가 없습니다. 몇 해 여름을 엄마가 손수 키운 깻잎이며 상추며 고추를 톡톡 따 먹으며 엄마의 잔잔한 사랑도 함께 먹었습니다. 그러던 우리 엄마가 천국으로 먼저 가시고 뒤뜰의 싱싱한 채소는 더 이상 먹을 수 없고 속절없이 지고 뜨는 해에 잡초만 무성하게 자라납니다.

"저녁 먹고들 내 방으로 좀 모이라우. 할 야기가 있으니끼니."

저녁 준비를 하는데 평소의 엄마답지 않게 묵직하게 말씀하십니다. 국 한 그릇, 밥 한 그릇을 후딱 비우시더니 먼저 일어나 당신 방으로 들어가시고, 저는 더금더금 저녁상을 치우고는 남편과 함께 엄마 방으로 들어섰습니다. 그런데 언제 준비하시고 언제 갈아 입으셨는지 하얀 소복을 입으시고 머리에 기름까지 발라 곱게 빗어 넘기시고는 비장한 각오의 굳은 표정으로 우리를 맞으십니다. 심상치 않은 분위기에 자세를 바로 잡아 바닥에 무릎을 꿇고 앉았습니다.

"내 마지막 말이니끼니 잘 기억해 두라우. 하나님께서 오늘 밤 날 데려 가신다 하지 안카서? 그러니끼니 부디 잘 살라우. 유명한 목사보다는 신실한 주의 종 되라우. 내래 지켜보갓서. 알간?"

간단한 유언을 남편에게 남기시고는 당신 침대에 가지런히 누우십니다. 주님 만날 준비를 하시는 게지요. 할 말을 잃고 서로 눈만 마주보며 껌벅껌벅 하던 우리 부부는 눈짓으로 말하며 슬그머니 방을 나섰습니다. 웃을 수도 없고 울 수도 없는 상황입니다. 늦은 밤, 혹시나 해서 슬그머니 방문을 열어보니 새근새근 잘 주무십니다. 새벽녘, 혹시나 해서 슬그머니 방문을 열어 보니 역시 새근새근 잘 주무시고 계십니다. 아무래도 하나님께서 날짜를 잘못 알려 주신 것인지, 아니면 우리 오마니께서 잘못 알아들으신 것인지 오늘은 아닌 것 같습니다. 이른 아침, 안 죽으신 것이 민망하신

지 피식 웃으시며 거실로 나오시며 한 말씀하십니다.

"내래 일어났다우."

그랬던 우리 엄마가 정작 하나님께 돌아가실 때는 한 말씀도 못하시고 꼬박 삼일 동안 깨지 않고 잠만 주무시다가 정말로 영원히 깨지 않는 잠이 드시고 말았습니다.

"내래 일어났다우."

한 말씀하시며 일어나실 줄 알았는데…. 엄마 가신 지 십 년 세월이 지나가지만 왜 이렇게 못해 드린 것만 생각나는지…. 엄마 좋아하시던 시원한 냉면을 먹노라면,

"왜 그때 이렇게 맛있는 냉면을 자주 못해 드렸을까?"

엄마 좋아하시던 몰캉몰캉한 고기를 먹노라면,

"왜 그때 이렇게 몰캉몰캉 맛있게 못 해 드렸을까?"

아직도 그저 목이 메어 옵니다.

처음으로 우리 엄마 지팡이 짚던 날, 참 많이 울었습니다. 엄마가 할머니가 되어 지팡이를 짚어야 하는 것이 너무 마음 아파서요. 진지 드시다 말고 입안에서 깨진 낡은 치아를 뱉어 슬그머니 숨기시던 엄마를 보던 날, 참 많이 울었습니다. 자식들에게 당신의 낡은 육신을 보여주지 않으시려 애쓰는 그 모습이 너무 마음 저려서요.

어버이날이 옵니다. 나의 가슴에 빨간 카네이션을 달아 줄 내 아이들은 있는데, 빨간 카네이션을 달아 드릴 엄마가 계시지 않아 나는 서럽습니다. 하지만 부를 때마다 목이 메어 한 번도 끝까지 불러 보지 못한 찬송이지만 빨간 카네이션 대신 나의 마음과 사랑을 담아 "어머니의 넓은 사랑" 찬송을 올려 드리고 싶습니다.

I'm Okay!

모두가 벌떡 일어나 밖으로 뛰어나가 보니 이른 아침부터 물이 새는 우리 집 발코니를 고친다고 일을 하고 있던 백인인 교회의 집사가 그만 사다리에서 떨어져 정신을 잃고 쓰러져 있습니다. 직감적으로 큰일이 난 듯합니다. 떨어지면서 머리를 시멘트 바닥에 부딪쳤는지 머리에서 약간의 피도 납니다. 사다리에서 떨어지는 사고가 제일 많다더니 눈앞에서 사다리 사고를 목격하게 되니 정신이 없습니다. 더군다나 우리 집을 수리하다 그랬으니 더 당황스러울 수밖에요. 마침 집에 있던 아들이 111에 구급차를 부르려고 전화를 걸었습니다. 그런데 이것저것 묻는 것이 많습니다.

"이름이 뭐냐? 몇 살이냐? 여자냐, 남자냐? 어떻게 떨어졌냐? 누워 있냐, 앉아 있냐? 피가 나냐, 안 나냐? 정신이 있냐, 없냐?"

숨 넘어 가는 사람은 앰뷸런스 오기 전에 기다리다 돌아가시겠습니다.

"사람 죽겠는데 그 사람은 뭘 그리 많이 묻니? 얼른 와야지!"

나 혼자만 꼴딱 숨 넘어 갈 지경입니다.

"어떻게 다쳤는지 알아야 준비해 올 거 아녜요."

"암튼 이 나라는 급한 게 없어요, 급한 게 없어!"

전화를 끝낸 아들 녀석이 숨 넘어 가는 엄마를 진정시킵니다. 성질 급한 사람은 열두 번도 더 숨 넘어 갈 겁니다. 그래도 그가 무사하기를 기도하며 그의 손을 주물러 줍니다.

"게릭! 지금 여기가 어딘 줄 알아요?"

"게릭, 내가 누군 줄은 알아요?"

잠깐의 기억상실증이 왔는지 묻는 말에 아무런 대답을 못하고 큰 눈만 껌벅하고 누워 있습니다. 사이렌 소리와 함께 달려온 앰뷸런스 요원들이 응급처치를 한 후 앰뷸런스에 조심스레 옮겨 갑니다. 그 순간 눈만 멀뚱멀뚱 거리던 그가 살짝 웃으며 말을 합니다.

"여기 죠수아 ^{남편의 영어 이름} 네 집이네. 나 괜찮아. 걱정하지마, 죠수아!"

손을 살짝 흔들어 주기까지 하며 앰뷸런스에 실려 가는 그의 뒤에 남은 우리는 하나님께 진심으로 감사를 드렸습니다. 지금도 교회에서 만나면

"하이, 게릭! 아유 오케이?" 물으면 늘 그는 씨익 웃으며 답을 합니다.

"Yes, I'm Okay!"

나도 늘 'Yes, I'm Okay!'를 외치며 살고 싶습니다.

메스껍고 어지러워

"아빠가 갑자기 귀에 있는 달팽이관의 돌멩이가 나와서 메스껍고 어지러워
서 일어나지도 못하세요. 얼마나 어지러운지 세상이 빙빙 돌고 있지도 서지도 못하
고 토할 것 같으시데요."

주일 아침 그 아빠의 따님으로부터 전화를 받았습니다. 어제 저녁에 키
보드 치며 목청껏 찬양 연습까지 하신 분이 더군다나 체육으로 다져진 튼
튼한 몸의 소유자이신 그분이 밤새 안녕이라고 이게 무슨 말이랍니까? 오
래 전에도 달팽이관의 돌멩이가 떨어져 나와 제 자리를 찾지 못하는 통에
우주여행을 하셨다 했는데요.

달팽이관에 박식하신 집사님 한 분이 말씀하십니다.

"말하자면 우리도 가끔 길을 잃어버리잖아요? 그것처럼 달팽이관의 돌
멩이가 기어 나와서는 길을 잃어버린 거지. 제자리로 찾아들어가면 괜찮
아. 고개를 살살 이쪽저쪽 돌리다 보면 제자리로 들어가기도 해요."

지구는 늘 돌고 있지만 어지러운 줄 모르고 살았는데 요즘 세상은 참 어지러운 것 같습니다. 제자리에 있어야 할 것이 제자리에 있지 못하고, 따라야 할 것을 제대로 따르지 못함으로 어지럼증에 시달리는 세상이 된 것 같아 마음이 아픕니다. 말씀 따라 살아야 하는데 세상 따라 살아가다 보니 어느새 제자리를 떠나 너무 멀리 나와 있어 어지럽지는 않는지요? 제자리 찾기 운동이 내 안에서부터 일어났으면 좋겠습니다.

교회가 제자리에 있지 못하면 성도들이 어지럽고, 성도들이 제자리에 있지 못하면 교회가 어지럽겠지요. 진리의 말씀마저 인간의 이성과 지식으로 판단되어지고 왜곡된 말씀이 진리처럼 이곳저곳에서 선포되어 혼란스러울 때 에스라의 자복하는 통곡소리가 온 땅에 울려 퍼지고 큰 무리들은 그 앞에 무릎 꿇어 함께 회개하는 역사가 온 열방에 가득 넘쳐 났으면 정말 좋겠습니다.

헛방의 섬김

주일 예배 후 교회 가족들과 함께 아이스크림 내기 가족 볼링대회가 열렸습니다. 빈 페트병에 예쁜 물감을 풀어 색색깔로 가득 채운 후 열 개의 핀 대신 세워 놓고 축구공을 굴려 페트병 넘어뜨리기 볼링 대회였습니다.

남자는 왼손, 여자는 오른손으로 공을 굴리기로 하고 경기가 시작되었는데 재미있는 일이 벌어졌습니다. 왼손으로 하는 남자들 열 명 가운데 단 한 명도 핀 하나 맞추지 못하고 헛방을 치는 겁니다. 남자들 체면이 말이 아닙니다. 웃다가 힘이 빠진 아내들이 볼을 사뿐히 던집니다. 남편들의 체면을 살리려고 아주 신중합니다. 힘없이 굴러가는 공이 멈출 듯하다가 핀을 그대로 지나쳐 옆길로 새버립니다 아내들 역시 헛방입니다. 헛방 치는 대회가 열린 것 같습니다.

왕년에 볼링장에서 꽤나 놀던 가락이 있던 나도 아이스크림 하나에 목숨 건 듯이 있는 폼 다 잡고 신중하게 공을 던집니다. 모든 사람들의 '헛방'을 만회하고 싶었습니다. 그러나 저 역시 '헛방'이었습니다.

회가 거듭해 가자 몸이 풀렸는지 감을 잡았는지 페트병들이 우르르 무너지기 시작합니다.

"앗싸! 스트라이크!"

울려 퍼지는 환호성이 커 갈수록 헛방 치는 부부들이 슬슬 열을 받기 시작합니다. 다시 한 번 힘을 다하고 뜻을 다하고 정성을 다하여 마음을 모아 공을 던집니다. 그래도 헛방 치는 부부는 여전히 '헛방'만 칩니다. 남 섬기는 방법도 여러 가지 일진대 헛방으로 아이스크림 사 주는 부부의 모습이 참 아름다웠습니다.

그리고 그날, 하나님의 은혜만은 '헛방' 치지 않기를 모두가 기도했습니다.

천둥 번개 날벼락도 즐거워

날씨는 덥고 해는 길다 보니 저녁 해 질 녘에 자주 '번개'가 칩니다. 번
개가 치면 하던 일을 이내 멈추고 잘 훈련된 훈련병처럼 냉장고를 뒤지고
밥솥을 들고 이것저것 더금더금 챙겨서는 번개 친 장소를 향해 번개같이
모여듭니다.

때로는 지정된 음식을 만들어야 하는 '천둥'도 치고, 갑자기 집으로 쳐
들어오는 '날벼락'도 떨어지지만 한여름의 날벼락도, 예측할 수 없는 천둥
도, 언제 칠지 모르는 번개도 외로운 이민 땅에선 마냥 즐겁기만 합니다.

주일 예배 후, 삼겹살 번개를 쳤습니다. 이것저것 거나하게 육의 양식을
채운 후 이번에는 '부부대항 제기차기'가 열렸습니다. 왼발 오른발 이렇게
저렇게 제기를 차 보지만 쉽지만은 않습니다. 발로 제기를 차야 함에도 온
몸은 디스코, 차차차, 항아리 춤, 다양한 포즈와 국적 없는 춤들을 춥니다.
부부가 합심하여 점수를 더해 보지만 여덟 번 찬 꼴찌로부터 얻어먹은 오
십 센트 아이스크림은 그야말로 "떵호아!"입니다.

나도 가끔 번개를 치려합니다. 번개뿐만 아니라 천둥도, 날벼락도 치려합니다. 뜸했던 이들, 가까이 살면서도 바쁘다 소원했던 이들, 서운함을 품고 등 돌렸던 이들, 마음이 휑한 이들 모두모두 찾아 번개, 천둥, 날벼락을 날리며 녹두전에 김치 듬뿍 넣어 함께 지져 먹고 싶습니다.

이 땅 구석구석 번개가 치고 천둥이 울리고 날벼락이 떨어지는 아름다운 소리들이 곳곳에서 많이 울리길 소원해 봅니다.

간이 밖으로 나왔나? 간이 부었나?

"와, 진짜 굵다. 목 없는 미녀는 들어 봤어도
발목 없는 마녀는 못 들어 봤는데…."

이른 아침, 화장하고 있는 나를 바라보던 남편의 시선이 나의 가장 신체의 약점인 발목과 다리통에 머물렀나 봅니다.

"발목과 종아리가 어찌 저렇게 구별이 안 될까?"

간이 밖으로 나왔는지, 밤새 간이 부었는지 아니면 늙어서 따뜻한 밥 얻어먹기 싫은 것인지 아침 댓바람부터 살살 시비를 겁니다.

"내 발목, 내 종아리 굵어지는 데 뭐 보태 준 거 있어요?!"

한마디 쏘아 붙였지만 인정할 건 인정합니다. 우리 아버지 다리를 닮아서 발목이나 종아리나 똑같은 것을 어찌하겠습니까? 소싯적엔 빈 병으로 다리통 밀어 보기도 하고 매일 밤 두 다리 공중에 매달아 보기도 했지만 삶만 고달프지 아무 소용이 없던 것을요.

그런데 내 남편만 간이 밖으로 나오고 내 남편만 밤새 간이 부은 것이 아니라 바로 저의 간덩이가 탱탱하게 부어 있더라고요. 세계 곳곳에서 심한 지진으로 수천 명이 죽고 땅덩이가 흔들렸다는데도 전혀 감각이 없으니 말입니다. 이렇듯 지축이 흔들리는 지진에도 무감각하니 심령이 무너지는 영적 쓰나미가 몰려온들, 정치와 경제와 윤리와 도덕과 교육과 가정이 산산이 무너져 내리는 영적 대지진이 온다 한들 간덩이 부어 있는 우리로서 깨어 있기나 할런지요.

추슬러야겠습니다. 시대에 무감각한 우리의 마음을, 시대를 분별하지 못하는 우리의 영적 무감각을, 지구의 온 몸으로 말씀하시는 하나님의 우레와 같은 음성을 듣지 못하는 화인 맞은 우리의 심령을….

만사가 OK! 힘내십시다

꼬마 녀석들이 하얀 종이를 하나씩 들고는 종이비행기를 접어 달라고
야단들입니다.

'이 아이보다는 더 높이' 날아야 하고, '저 아이보다는 더 멀리' 날아야
한다고 하얀 종이를 내밀며 아접우성을 칩니다. 종이로 만든 하얀 비행기
가 높이 날면 얼마나 더 날 수 있으며, 멀리 날면 얼마나 더 멀리 날 수 있
을까요? 조금 높이 날아 보아도, 좀 더 멀리 날아 보아도 그저 종이로 만든
비행기뿐인 것을요. 그렇게 살았던 세월이 참 많습니다.

저 아이보다는 내가 더 높이 날아야 하고, 저 아이보다는 내가 더 멀리
날아야 하고, 저 아이보다는 내가 더 신실하다고 생각하며 그렇게 살았지
요. 이제는 좀 다르게 살고 싶습니다. 나 혼자 더 높이 더 멀리 날아 보려

는 마음보다는 우리 함께 더불어 더 높이 더 멀리 함께 날아 보았으면 좋겠다는 소망으로 살아 봤으면 좋겠습니다.

하얀 종이를 꼭꼭 눌러 접습니다. 접히는 아픔, 꼭꼭 누르는 고통, 그 뒤에 하늘을 날 수 있기에 접는 대로 접혀 지는 하얀 종이처럼 우리 인생도 꾹꾹 눌러 접히는 아픔 뒤에 새롭게 날 수 있는 기쁨이 있기에 견딜 수 있는 게 아니겠습니까?

접었다 편 고통의 흔적이 흔적만이 아니고, 하늘을 날 수 있는 소망으로 피어나기에 아무리 힘들고 어려워도 우리 모두 힘내십시다. 하나님께서 접으시는 대로 접히기만 하면 만사가 OK같아요.

세상에서 제일 더러운 것은?

"맞아요. 똥이에요. 어떤 똥이 제일 더럽냐 하면 제자리에 있지 않는 똥이 제일 더러워요. 똥이 식탁 위에 묻어 있거나 밥그릇에 묻어 있다면 얼마나 더럽겠어요? 있어야 할 자리에 있지 못하는 것 그것은 다 이처럼 더러운 것이에요. 집사님! 제자리로 돌아가세요. 더러운 똥이 되고 싶으세요? 목사가 목사 자리에 있지 못하는 것, 장로가 장로 자리에 있지 못하는 것, 집사가 집사 자리에 있지 못하는 것, 성도가 성도 자리에 있지 못하는 것, 그것은 다 더러운 거예요, 더러운 거! 뜨거운 밥에 똥파리 앉소? 찬밥에 똥파리 앉소? 은혜가 식어 냉랭해지니 다 시험거리, 냄새 나는 똥파리만 앉잖아요. 성령으로 뜨거워 봐요, 똥파리 앉나. 모든 게 다 은혜로 보이지…."

섬기던 교회를 벗어나 이리저리 헤매는 집사에게 거침없이 내뱉은 말입니다. 성경공부 마치고 중보기도 시간에 기도제목 내놓았다가 냅다 싫은 소리만 들은 집사님이 눈물로 기도하더니 섬기던 교회 제자리로 돌아갔습니다. 돌아오는 길에 잔잔한 음성이 내게 들립니다.

"그러는 넌?"

"그래요. 저도 사모 자리에 있지 못하고 툭하면 목사 자리에 가 앉아 있거든요. 시원하십니까?

툴툴거려보지만 정확히 진단한 제 모습입니다.

이제는 모두가 제자리로 돌아갔으면 좋겠습니다. '말씀으로 돌아가자.' 개혁의 함성과 함께 '제자리로 돌아가자.' 마음의 외침으로 여기저기 제자리 찾기 운동이 온 동네방네 울려 퍼졌으면 좋겠습니다.

우리가 돌아갈 자리는 오직 예수 그리스도뿐!

이름값대로 살면 좋으련만

어버이의 마음과 뜻과 정성을 담아 이름값대로 살라고
베풀 장^張, 밝은 명^明, 사랑 애^愛 자로 이름 짓고
'밝은 사랑을 온누리에 베풀어라'
큰 사랑을 심어 주셨습니다.

우리 부부도 두 아이 낳아 이름값대로 살라고
아들은 하나님의 나라를 빛내라고 한빈^{韓彬} 이라 이름 짓고,
딸아이는 예수님을 빛내라고 예빈^{藝彬} 이라 이름을 지어
큰 비전을 심어 주었습니다.

때때로 아이들에게 이름값대로 살라고 가르치면서,
때때로 만나는 이들에게 이름값대로 살라고 당부하면서,
나는 내 이름값대로 살고 있는지

스스로 부끄러워 슬그머니 말끝을 흐리고 맙니다.

한때는 오 리 ^{五里} 를 가자면 십 리를 가고,
겉옷을 달라면 속옷을 주고,
오른뺨 때리면 왼뺨도 내어 줄 때가 있었는데
언제부턴가 나의 몸과 마음이 이처럼 강퍅해졌는지….

오 리 ^{五里} 를 안 가고 욕먹는 것보다
십 리를 가 주고 상처 받는 것이,
겉옷을 안 주어 등돌림보다
속옷까지 주고도 받는 비판이
어쩌면 내게는 내밀던 손을 움츠리게 만들었는지 모르겠습니다.

하지만 이제 이름값대로 살려 합니다.
공작이 꼬리를 활짝 펼 때 가장 아름답듯이
이름값대로 사는 모습이 가장 아름답기에
베풀 張, 밝은 明, 사랑 愛
밝은 사랑을 온누리에 베풀면서 말입니다.